KB200401

기도를 멈추지 말고

어떤 상황과 환경도 기도의 자리로 만드는 열정과 간절함

기도를 멈추지 말고

이현우

규장

당신은
기도하기 위해
태어난 사람

코로나는 모든 사람의 입을 마스크로 막았다. 동시에 성도들의 기도의 입도 막힌 듯했다. 어떤 전문가의 예측과 대안도 무용지물이었다. 경제가 멈춘 것보다 만물의 주인이신 하나님께 기도하는 것이 멈추었다는 것이 내게는 더 큰 충격이었다. 마스크 하나로 입을 가린다고 해서 사람이 살 수 있나? 친교 모임이 사라진 것보다 기도 모임이 사라진 것이 더 큰 위기로 느껴졌다.

이 시대 속에 단지 그냥 살고 싶은 마음보다 성도답게 살고 싶은 마음이 간절했다. 그래서 추운 겨울 성도들과 함께 마스크로 닫힌 기도의 입술을 다시 열기로 작정하고 교회 앞 야외 공영 주차장에서 하나님께 두 손 들어 기도를 시작했다. 닫힌 예배당을 바라보며 결코 가둘 수 없는 하나님께 기도를 시작했다.

"하나님, 듣고 계시죠? 저희의 기도손 보고 계시죠?"

묻고 또 물었다. 깊은 우물에서 맑은 물이 끌어올려지듯 하나님을 향한 순전한 갈망들이 내면 깊숙한 데서 올라와 기도의 함성으로 쏟아지기 시작했다.

어떤 이들은 한심한 눈으로 미친 사람 보듯 우리를 지켜보며 한숨 짓기도 하였다. 동역자들마저 꼭 그렇게 유별나게 기도해야 하냐며 멈추어달라고 할 때 가장 힘들었다. 그때마다 사람에게 설득되지 말고, 우리에게 기도를 멈추지 말라시는 하나님께 설득되어야 한다는 마음으로 다짐하고 또 다짐하며 계속 기도했다.

야외 주차장 기도는 지하 주차장의 광야기도로 이어졌다. 강력한 이끌림에 압도됨을 느꼈다. 이스라엘 백성들이 광야에 텐트를 치듯, 습하고 벌레들이 기어다니는 지하 4층 주차장에서 텐트를 치고 기도를 시작했다. 가장 낮은 곳에서 가장 높이 계신 주님께 기도했다. 어둠 속에서의 기도였지만 세상을 밝히기에 충분한 기도였다. 빛이신 주님께서 들으셨기 때문이다.

'성도에게 기도가 무엇일까? 나에게 기도는 어떤 의미일까?' 많은 기도 설교와 책으로도 기도의 정의들이 다 풀리지 않았는데 그 모습을 통해서 기도가 무엇인지 하나님께서 선명하게 말씀해주셨다.

기도는 강력한 신앙의 고백이다. 기도의 삶은 우리가 믿는 바가 무엇인지를 분명하게 세상에 전한다. 기도와 믿음은 늘 함께 가고, 기도를 잃어버리면 믿음도 잃어버린 것이다. 기도가 사라진 믿음 생활은 하나님이 사라진 빈 껍데기 같은 신앙생활이다. 신앙생활이 밋밋한 이유는 기도가 밋밋해졌기 때문이다. 기도가 무르익어갈 때 믿음도 더욱 깊어진다. 믿음의 권태기가 찾아왔다면, 돌파구는 분명하다.

코로나와 같은 시대는 언제고 다시 다가올 것이다. 기도의 입을 막으려는 수많은 이유와 환경이 또다시 몰려올 때 어떻게 할 것인가? 이 선택이 삶을 결정할 것이다. 그때마다 상황을 분석하는 자가 아니라 하나님께 기도하는 자가 되어야 한다. 문제를 풀어내려 하기보다 하나님께서 문제의 답이 되실 수 있도록 한 걸음 물러서서 기도의 자리에 머물러야 한다.

교회에 여전히 기도 소리가 간절한가?

세상은 단 한 순간도 우리를 기도하게 내버려두지 않는다. 바쁘게 살아야 성공자인 것처럼 우리를 몰아간다. 아무리 '바쁨'의 시대를 살아도 '멈춤'의 순간을 가져야 한다. 이 삶은 세상과 반대의 삶이다.

왜 이렇게까지 세상을 거슬러 가며 살아야 하나? 이 땅에서 결국에는 승리의 삶을 사신 예수님의 삶이 그러하셨기 때문이다. 예수님 또한 십자가에 달리시기 전까지 기도를 멈추지 않으셨고 마지막 호흡까지 기도에 사용하셨다.

승리의 길은 기도와 함께 간다. 좁은 길도 괜찮고 풍파의 길도 괜찮다. 그 여정에 기도가 있다면 승리의 여정이 된다. 승리의 길을 걸어가고 있는 것 같아도 기도가 없다면 그 길은 가장 위험한 길, 낭떠러지 길이다.

코로나는 인간이 얼마나 무능한지를 알려주었지만 나는 더 강력한 메시지를 보았다. 역사의 주인이신 하나님께서 코로나를 통해 내게 분명하게 말씀하신 것은 오직 그분만이 가장 위대한 분이라는 것이다. 그래서 연약한 우리는 위대한 하나님께 기도해야 한다. 기도는 우리의 유일한 생존 비법이다.

기도가 계속되고 있다면 그 삶은 멈춘 것이 아니다. 기도가 시작되었다면 그 삶은 전진한다. 하나님이 기도를 듣고 일하고 계시기 때문이다. 하나님이 역사의 주인이시기에 세상을 움직이는 사람은 기도의 사람이다. 어떤 사람으로 세상을 살아가고 있는가? 특별한 은사나 말주변이나 어떤 능력이 필요한 것이 아니다. 기도하는 자가 되어야 한다.

이전의 한국 교회는 모든 것이 부족했으나 기도의 비밀을 알고 기도만큼은 붙잡았다. 교회마다 밤새워 기도했다. 산골짜기 기도원에도 수많은 사람이 기도하러 몰려들었고 밤마다 깊은 산속에는 기도하는 소리가 들렸다. 바위 위, 나무 옆, 강가에서 기도 소리가 멈추지 않았다. 그 기도가 한국 교회를 오늘까지 이끌었다. 기도의 야성이 한국 교회를 부흥으로 인도하였다. 여전히 성도들의 기도 소리가 간절한가? 부흥의 연료인 기도 소리가 남아 있는가? 이 질문조차도 사라진 것은 아닐까?

이 책을 통해 왜 기도를 멈추면 안 되는지 알리고 싶었다. 진짜 인생의 위기가 무엇인지를 외치고 싶었다. 단 한 사람이라도 멈춘 기도가 다시 시작된다면 그것으로 충분하다.

이 책의 출간을 위해 힘써주신 규장 편집부의 노고에 감사드린다. 편집팀과 함께 동역함에 감동과 도전이 되었다. 부족한 사람을 두고 마음 다해 기도해주시는 믿음의 동역자들과 늘 기도의 자리를 지키는 수영로 가족들에게 감사를 드린다. 무엇보다 신실한 내조로 변함없이 늘 그 자리에 있어 주는 아내와 지웅이, 지성이, 지우에게 사랑의 마음을 전하고 싶다.

해운대에서 부족한 주님의 종

이현우 목사

기도에
확신을 주는
암송 구절

✝ 가장 강력한 기도는 말씀을 붙잡고 하는 기도이다. 이 말씀들을 암송하여 마음에 새기고, 기도의 자리에 나아갈 때마다 이 말씀들을 붙들고 가서 아빠 아버지이신 하나님께 부르짖기를 권면한다. 말씀을 통과한 기도는 강력한 힘이 있다. 이 말씀들이 당신의 기도를 확신으로 붙들어줄 것이다.

마 7:7 구하라 그리하면 너희에게 주실 것이요 찾으라 그리하면 찾아낼 것이요 문을 두드리라 그리하면 너희에게 열릴 것이니

마 7:8 구하는 이마다 받을 것이요 찾는 이는 찾아낼 것이요 두드리는 이에게는 열릴 것이니라

사 65:24 그들이 부르기 전에 내가 응답하겠고 그들이 말을 마치기 전에 내가 들을 것이며

마 6:6 너는 기도할 때에 네 골방에 들어가 문을 닫고 은밀한 중에 계신 네 아버지께 기도하라 은밀한 중에 보시는 네 아버지께서 갚으시리라

막 11:24 그러므로 내가 너희에게 말하노니 무엇이든지 기도하고 구하는 것은 받은 줄로 믿으라 그리하면 너희에게 그대로 되리라

히 4:16 그러므로 우리는 긍휼하심을 받고 때를 따라 돕는 은혜를 얻기 위하여 은혜의 보좌 앞에 담대히 나아갈 것이니라

요일 5:14 그를 향하여 우리가 가진 바 담대함이 이것이니 그의 뜻대로 무엇을 구하면 들으심이라

마 6:33 그런즉 너희는 먼저 그의 나라와 그의 의를 구하라 그리하면 이 모든 것을 너희에게 더하시리라

사 58:9 네가 부를 때에는 나 여호와가 응답하겠고 네가 부르짖을 때에는 내가 여기 있다 하리라

렘 33:3 너는 내게 부르짖으라 내가 네게 응답하겠고 네가 알지 못하는 크고 은밀한 일을 네게 보이리라

사 45:7 나는 빛도 짓고 어둠도 창조하며 나는 평안도 짓고 환난도 창조하나니 나는 여호와라 이 모든 일들을 행하는 자니라 하였노라

대하 7:14 내 이름으로 일컫는 내 백성이 그들의 악한 길에서 떠나 스스로 낮추고 기도하여 내 얼굴을 찾으면 내가 하늘에서 듣고 그들의 죄를 사하고 그들의 땅을 고칠지라

약 5:16 그러므로 너희 죄를 서로 고백하며 병이 낫기를 위하여 서로 기도하라 의인의 간구는 역사하는 힘이 큼이니라

요 15:7 너희가 내 안에 거하고 내 말이 너희 안에 거하면 무엇이든지 원하는 대로 구하라 그리하면 이루리라

차례

PART 3 기도와 능력

PART 4 기도와 삶

PART 1

기도와
응답

CHAPTER

01
기도를
어떻게
대하고
있는가

마태복음 7장 7,8절

7 구하라 그리하면 너희에게 주실 것이요 찾으라 그리하면 찾아
낼 것이요 문을 두드리라 그리하면 너희에게 열릴 것이니 8 구
하는 이마다 받을 것이요 찾는 이는 찾아낼 것이요 두드리는 이
에게는 열릴 것이니라

잃어버린 기도의 가치

우리가 쉽게 잃어버리는 것들이 있다. 주변에 너무 흔하게 있는 일상의 가치일 것이다. 일상의 가치를 깊이 묵상하며 살아가기는 쉽지 않다. 숨을 쉬고, 걷고, 음식을 소화시키고, 이웃들과 만나 대화를 나누고, 아름다운 꽃들을 눈으로 보고, 매일 삶 속에서 반복되는 일상을 매 순간 감사하고 감격하며 살기는 쉽지 않다. 그러나 코로나로 인하여 일상의 가치들을 다시 알게 되었다. 이웃들과 카페에서 차를 마시며 대화를 나누는 것이 얼마나 큰 행복인지, 아이들이 학교에 가는 것이 얼마나 축복인지 새삼 깨달으며 평범한 일상의 가치를 다시 찾았다.

신앙생활을 하면서도 너무 가까이 있기에 흔하게 되어버

린 것이 있다. 바로 '기도'가 아닌가 싶다. 새벽기도, 금식기도, 중보기도, 철야기도, 식사기도, 대표기도 등 모든 교회 생활에 기도라는 단어가 들어가 있는 것을 보면 기도가 신앙생활에 있어 중요한 것은 분명하다.

예전 믿음의 선배들은 기도라는 단어를 결코 가볍게 여기지 않았다. 심지어 40일 금식기도로 죽음을 맞이하기도 했다. 문제만 있으면 계속 기도하고, 교회 장의자에 누워 잠을 청할 정도였다. 큰 어려움이 밀려오면 기도원으로 달려갔다. 언제나 기도원에는 사람들이 인산인해를 이루었다.

중고등부 시절 전도사님이 한 달에 한 번 임원들을 봉고차에 태워서 늘 향하는 곳이 있었다. 물과 신문지 몇 장 그리고 기타 한 대만 챙겨서 차를 타고 어디론가 갔다. 한참을 달리다 보면 도시에서는 보기 힘든 산들이 보이기 시작했다. 산길로 접어들기 전 도로변에는 찐빵집이 빼곡했다. 전도사님은 갑자기 차를 세우고 봉고차에 타고 있던 모든 중고등부 임원들이 배부르게 먹을 수 있을 만큼 찐빵을 사 주셨다.

뜨거운 찐빵을 먹으면서 비틀거리는 산길을 흔들거리며 올라가면 주암산 기도원이 나왔다. '이곳에 사람들이 있을까?' 싶었는데 본당 성전 안에는 많은 사람이 있었다. 더욱 놀라운 것은 산골짜기마다 사람들이 비닐 텐트를 만들어

놓고 그 안에서 기도하는 모습이었다. 물과 굵은 소금이 담긴 그릇을 앞에 두고 금식기도를 하는 분들이 많았다.

예배당에 모여 함께 예배드리고 기도를 마치자 전도사님은 신문지를 한 장씩 주시며 산에 올라가서 바위 위나 큰 나무 뒤에 자리를 잡고 새벽까지 기도하고 오라고 했다. 어린 마음에 두려움에 차서 친구들과 옹기종기 붙어 기도한 기억이 지금도 생생하다.

요즘은 예전의 이러한 기도 모습을 이야기하면 비판하는 사람도 있고 요즘 시대와는 어울리지 않는다고 한심하게 보는 사람도 있다. 그러나 기도는 한심한 것이 아니다. 시간이 남을 때나 하는 것이 아니며 가볍게 볼만한 것도 아니다.

예수님의 우선순위, 기도

우리가 기도를 어떻게 대하든, 그리스도인의 삶을 시작했다면 기도는 믿음 생활에서 가장 중요한 것이다. 믿음 생활의 모델이신 예수님은 이 땅을 살아가며 온전히 기도에 힘을 쏟으셨다. 예수님은 삶의 우선순위가 분명했다.

새벽 아직도 밝기 전에 예수께서 일어나 나가 한적한 곳으로 가사 거기서 기도하시더니 **막 1:35**

예수님은 새벽에 한적한 곳에 가서 기도하셨다. 하루의 시작을 기도로 하고 어떤 시간보다 기도의 시간이 먼저였다는 점은 그분의 삶에서 우선순위가 무엇인지를 분명하게 보여준다. 또한 예수님은 바쁠수록 기도하셨다. 아무리 바쁘고 시간이 없어도 기도의 시간만큼은 확보하셨다. 머리 둘 곳조차 없으셨지만 기도의 장소만큼은 가지고 계셨다. 기도의 가치를 아셨기 때문이다.

사람을 세울 때는 제자들의 이력을 살피는 대신 밤이 새도록 기도하셨다. 제자들의 믿음이 약해질 때는 질책하는 대신 믿음이 떨어지지 않도록 기도하셨다. 이 땅에 예수님 없이 홀로 남겨질 제자들을 위해서 많은 유산을 물려주는 대신 기도를 가르쳐주셨다.

무엇보다, 인류를 구원하기 위해 십자가에 달려 모든 고통을 이기며 끝까지 승리의 길을 갈 수 있게 한 것도 오직 기도였다. 예수님은 자신의 뜻이 아니라 아버지의 뜻이 세워지기를 땀방울이 핏방울이 될 만큼 간절하게 기도하셨다. 심지어 죽음 직전에 남은 호흡을 기도에 사용하고서 숨을 거두셨고, 지금도 우리를 위해서 기도하고 계신다.

그렇게 기도의 삶을 보여주셨다. 예수님에게 기도는 1순위 정도가 아니라 전부였다. 기도는 모든 것이었다. 예수님이 기도에 온 힘을 쏟으셨다면 이는 우리 또한 기도의 삶을 살 충분한 이유가 된다. 예수님이 그러하셨던 것처럼, 우리도 이 땅에서 생존자가 아니라 사명자로 살아갈 수 있게 하는 유일한 힘은 기도이다.

그럼에도 불구하고 "모든 것이 기도에 달렸지만, 우리는 기도를 소홀히 한다"라는 E. M. 바운즈(Edward McKendree Bounds)의 말에 동의가 된다. 당신은 기도를 어떻게 대하고 있는가? 기도의 시간과 장소가 있는가? 이 답변은 기도에 대한 태도뿐만 아니라 하나님을 향한 자신의 태도를 보여 준다.

지금은 소천하신 수영로교회 고(故) 정필도 원로목사님이 생전에 설교 전 대기하시던 장소에 들어간 적이 있다. 거기에는 책상 하나와 정체를 알 수 없는 은색 쇠봉 3개가 있었다. 수건을 걸어 놓기 위한 봉인 듯도 했고, 붙잡고 운동할 수 있는 헬스 기구처럼 보이기도 했다.

알고 보니 그것은 기도봉이었다. 한참을 기도하다 잠이 오거나 체력이 떨어지면 앉아서 붙잡을 수 있는 높이의 쇠봉, 무릎을 꿇고서 붙잡을 수 있는 쇠봉, 일어서서 붙잡고 기도할 수 있는 기도의 봉이었다. 어떤 상태일지라도 하나님께 기도하는 삶을 살겠다는 고백이었다.

기도는 성도만의 특권이다

기도는 누가 할 수 있는 것인가?

예수께서 무리를 보시고 산에 올라가 앉으시니 제자들이 나아온지라 마 5:1

"천국이 가까이 왔다"라는 선포로 공생애 사역을 시작하신 예수님은 복음을 전하며 많은 사람을 고치셨다. 많은 사람이 예수님을 좇았고, 그들을 보신 예수님은 더 잘 가르치기 위해서 산으로 장소를 옮기셨다. 앞서서 오르시던 예수님이 아래를 향해 앉으시자 무리 중에서 제자들이 가까이 왔고 예수님의 산상설교가 시작되었다. 예수님의 의도는 분명했다. 제자들을 가르치기 위해 앉으셨던 것이다.

기도에 관해 말씀하시며 예수님은 "구하라, 찾으라, 두드리라"라며 구하는 동사를 세 번이나 반복 사용하고, "주실 것이요, 만날 것이요, 열릴 것이니"라며 기도의 대가를 보장하는 동사도 세 번이나 사용하셨다. 기도 응답의 확실성을 말씀하신 것이다.

반복적으로 기도하기란 쉽지 않으며 끝까지 기도하는 것도 어렵다. 그러나 예수님은 한번 기도하라는 말씀을 넘어 기도를 멈추지 말라고 말씀하신다. 끝까지 기도하는 것은 예수님을 믿는 자들만이 할 수 있는 믿음의 태도이다.

기도를 가볍게 여기지 말아야 한다. 기도는 모든 이에게 주어진 당연한 권리가 아니라 성도에게만 주신 특권이다. 오직 하나님의 은혜로 주어진, 예수님을 믿는 성도들에게 부여된 특권이다. 예수님이 엄청난 대가를 지불하신 덕분에 우리에게 주어진 엄청난 특권이다.

> 예수께서 다시 크게 소리 지르시고 영혼이 떠나시니라 이에 성소 휘장이 위로부터 아래까지 찢어져 둘이 되고 땅이 진동하며 바위가 터지고 마 27:50,51

하나님과 우리 사이에 놓여 하나님께 나아갈 수 없게 했던 죄악의 장벽을 예수님이 허무신 덕분에 하나님께 나아갈 길이 활짝 열리게 되었다.

2017년에 초강력 허리케인 '하비'가 미국 텍사스주를 강타했다. 건물들이 무너지고 집들이 떠내려갔다. 집이 무너진 사람들보다 더 위험한 사람은 고립되어 통신이 끊겨버린 사람들이었다. 건물이 무너지고 부상이 있어도 통신만 연결되어 있다면 구조요청이 되어 목숨을 건질 수 있다. 그 당시에는 많은 전신주들이 넘어지면서 통신이 끊겨 인명피해가 컸다.

인생에서 가장 중요한 것은 하나님과의 통신이다. 하나님과의 통신이 두절되면 그 인생은 매우 위험해진다. 세상을 창조하신 하나님과 소통이 되지 않으면 그 인생에는 고통이 온다. 그런데 예수님의 희생으로 성도들과 하나님과의 소통이 다시 시작되었다. 놀라운 특권이다. 기도의 문이 활짝 열려 기도할 수 있게 된 것은 단절된 통신이 다시 연결된 것과 같다.

그러므로 우리는 긍휼하심을 받고 때를 따라 돕는 은혜를 얻기 위하여 은혜의 보좌 앞에 담대히 나아갈 것이니라 **히 4:16**

아버지의 귀는 자녀를 향해 열려 있다

특권은 그뿐만이 아니다. 하나님께로 나아갈 수 있는 길이 열리면서 우리는 하나님을 아버지라 부를 수 있게 되었다.

너희는 다시 무서워하는 종의 영을 받지 아니하고 양자의 영을 받았으므로 우리가 아빠 아버지라고 부르짖느니라 **롬 8:15**

하나님의 자녀가 되었다는 것은 우리에게 상상할 수도

없는 일이 벌어진 것이다. 함께 동역한 목사님 중에 아이를 입양한 분이 있다. 어느 날 보니 그 목사님이 휴대폰에 빨간색 케이스를 하고 있었다. 그 분과 어울리지 않는 생뚱맞은 느낌이 들어서 물어보니 딸이 선물해주었다면서 두 아이를 입양한 이야기를 들려주었다.

입양으로 목사님의 호적에 오르게 된 아이들은 그때부터 아버지 목사님에게 마음껏 요구할 수 있게 되었다. 모든 공급을 채워줄 아빠가 생겼고, 이제 아이들의 고민은 고스란히 아빠의 고민이 된다. 예전처럼 학교 준비물이며 입고 갈 옷 때문에 고민할 필요가 없다. 앞으로 어떻게 살아갈지 학교 등록금을 어떻게 마련할지 걱정할 필요가 없다. 입양된 아이들은 단지 아버지의 품 안에서 아버지의 공급을 받으며 누리며 살면 된다. 그것이 자녀의 몫이다.

한 사람의 부모 밑에 자녀가 되어도 누리는 혜택은 엄청난데 하물며 세상을 창조하신 하나님, 세상의 주인이신 하나님의 자녀가 되었다는 것은 얼마나 엄청난 일인가! 그런데 부모가 있는데도 고아처럼 살고 있지는 않은가? 여전히 모든 수고를 혼자하고, 무거운 짐은 혼자 다 짊어지고, 자신이 모든 것을 감당하며 살고 있지는 않은가? 우리는 고아가 아니다. 우리의 기도를 듣고 그 기도에 응답하는 아버지가 계신다.

큰아이가 갓난아기일 때 열이 많이 올라 도무지 떨어지지 않아서 어린이병원에 간 적이 있다. 병원에 도착해 아내가 먼저 내려 아이를 데리고 올라가고 나는 주차를 한 후 좀 늦게 병원 안으로 들어갔다. 그 병원은 모든 의사가 어린이만 진료하는 곳이다. 의사들은 각기 자신들의 진료실에서 진료를 보고 있었고 대기실 복도에도 정말 아이들이 많이 있었는데 아내와 큰아이는 이미 진료실에 들어갔는지 보이지 않았다.

그런데 여기저기서 아이 울음소리가 많이 들렸지만 어디선가 큰아이의 울음소리가 들렸다. 소리가 나는 쪽으로 따라가서 진료실 문을 조심스럽게 열어보았더니 과연 그 방에 아내와 아이가 있었다.

부모는 자녀의 음성을 안다. 부모는 자녀의 음성에 반응한다. 우리가 기도의 호흡만 가다듬어도 하나님은 그 작은 호흡에도 집중하시고, 아주 작은 신음에도 반응하신다. 우리의 아버지이시기 때문이다. 하나님의 귀는 그분의 자녀인 우리에게만 열려 있다. 그래서 기도하라고 말씀하시며 "너희에게"라는 단어로 한정하고 있다. "너희에게" 주고 열릴 것이니 구하고 찾고 두드리라고 말씀하신다. 기도는 그렇게 성도에게만 주신 하나님의 특권이다.

구하라 그리하면 너희에게 주실 것이요 찾으라 그리하면 찾
아낼 것이요 문을 두드리라 그리하면 너희에게 열릴 것이니
마 7:7

기도는 아버지의 능력을 움직이는 외침이다

둘째가 5살쯤 되었을 때, 아이와 손을 잡고 처음으로 편
의점에 갔다. 온통 사탕과 아이스크림, 과자인 편의점에서
아이의 눈은 커지고 초점은 흔들렸다. 먹고 싶은 것을 고르
라고 하자 이것을 잡았다가 저것을 잡았다가 하며 어찌할
바를 몰랐다. 한참 만에 아이스크림을 골랐다.

얼마나 맛있게 먹던지, 아이스크림에 정신을 빼앗겨 아무
리 불러도 모를 정도였다. 먹는 모습이 너무 귀여워 계속 쳐
다보는데도 아이는 내게 눈길 한번 주지 않았다. 그런데 아
이스크림이 갑자기 땅에 떨어지고 말았다. 그제서야 아이가
아빠를 향해 외쳤다.

"아빠, 아빠!"

그 외침 한 번으로 단숨에 아이를 가슴에 안고 편의점으
로 달려가 새 아이스크림을 사주었다. 아이의 힘은 아빠를
의지하는 힘이다. 그것이 아이의 실력이고 아이의 능력이다.
기도는 한마디로 무능력한 자가 전능자에게 기대는 순간이

다. 아무리 연약한 자라도, 그분께 기도를 통해 기대어 있다면, 그는 세상을 넉넉히 이기는 자가 될 것이다.

고통과 고난이란 인생의 동반자와도 같아서, 나그네의 삶을 사는 동안 우리와 늘 동행한다. 성도의 삶은 고난이 없는 삶이 아니라 고난 속에서 구원받는 삶이다. 인생에 고통과 고난이 생기는 것이 문제가 아니다. 인생의 진짜 문제는 문제가 생기는 것이 아니라 문제가 생겨도 기도하지 않는 것이다. 최악의 상황이라도 기도하고 있다면 그 순간은 최고의 상태이고, 잘되고 있는 최고의 상태일지라도 기도하지 않는다면 그 순간은 최악의 상태이다.

당신은 지금 기도를 어떻게 대하고 있는가? 너무 바빠서 기도의 자리가 삶의 변두리로 밀려나지는 않았는가? 만일 그렇다면 그는 기도의 가치를 모르는 사람이다. 요즘 일이 너무 잘되어서 하나님께 기도하지 않고도 잘살고 있는가? 그렇다면 그는 하나님의 능력을 인정하지 않고 자기 능력을 믿고 살아가는 사람이다.

기도해야 산다. 성도의 인생에서 가장 중요한 것은 기도의 삶을 회복하는 것이다. 그것이 자신의 인생을 회복하는 일이기 때문이다. 자, 이제 다시 기도를 시작하자.

02

최고의
기도
응답을
경험하라

마태복음 7장 9-11절

9 너희 중에 누가 아들이 떡을 달라 하는데 돌을 주며 10 생선을 달라 하는데 뱀을 줄 사람이 있겠느냐 11 너희가 악한 자라도 좋은 것으로 자식에게 줄 줄 알거든 하물며 하늘에 계신 너희 아버지께서 구하는 자에게 좋은 것으로 주시지 않겠느냐

가장 좋은 것으로 준다고 하셨는데

지금도 잊을 수 없는 집사님 부부가 있다. 아내는 교회 집사로 열심히 교회를 섬겼다. 특히 주일학교 교사로 다음 세대 아이들을 오랫동안 섬겨왔다. 남편은 매 주일 아내를 교회로 태워다주기는 했지만 예배는 드리지 않았다. 그는 예수님을 믿지 않았기 때문이다.

그런데 어느 날부터인가 그가 조금씩 교회 예배당으로 들어오기 시작했다. 주차장에서 아내를 기다리기 시작하더니, 비가 오는 어느 날에는 교회 로비에서 커피를 함께 마시며 예배당 근처까지 발걸음을 옮겨갔다. 시간이 흐르고 흘러서 이제는 로비에 있지 말고 말씀 한번 들어보시라고 그를 예배당 안으로 안내했다. 처음으로 주차장이 아니라 예배당 안에 앉게 되었다.

첫 예배를 드리며 얼마나 감격해 하시는지 그 모습을 잊을 수 없다. 하나님께서 작정하신 하나님의 백성이 분명했다. 목사님의 말씀을 한 단어도 놓치지 않고 설교 노트에 빼곡하게 기록했다. 직장 동료들에게도 주일에 들었던 말씀을 나누고 전도를 시작했다. 하나님 보시기에 참 기뻐하실 삶을 사셨다.

그런데 신앙생활을 시작한 지 1년쯤 지난 어느 날, 그 남편분이 췌장암 말기 판정을 받았다. 직장을 그만두고 시골에 집을 빌려서 그곳에 거하며 요양을 시작했다. 아내 집사님도 함께 그곳에서 예배하고 말씀과 기도의 삶을 이어가며 남편에게 모든 에너지를 쏟았다. 두 자녀도 아버지가 가장 좋아하는 예배를 드리며 함께 하나님께 기도했다. 나도 시골길을 달려 1주일에 한 번 그곳에 가서 함께 예배를 드리며 하나님께 작정기도를 했다.

1년이 지났을까? 우리의 간절한 기도에 하나님은 응답하지 않으셨다. 아버지를, 남편을 천국으로 보내고 그들 가족의 마음에 큰 혼란이 왔다. 하나님은 기도를 듣지 않으셨던 것일까? 거짓말 못 하시는 하나님은 기도에 대하여 최고의 좋은 것으로 준다고 하셨는데 이것은 진짜일까?

응답에 대한 오해

1장에서 기도가 자녀된 우리에게만 주어진 특권이라는 것을 살펴보았다. 주님은 "구하라, 찾으라, 두드리라" 하시고, "그리하면 너희에게 주실 것이요 … 너희에게 열릴 것"이라 하시면서 우리가 알아야 할 기도의 특징을 말씀하신다.

구하는 이마다 받을 것이요 찾는 이는 찾아낼 것이요 두드리는 이에게는 열릴 것이니라 마 7:8

주님이 말씀하신 기도에는 독특한 공식이 있는데 기도는 반드시 응답된다는 것이다.

구함 = 받음, 찾음 = 찾음, 두드림 = 열림

그들이 부르기 전에 내가 응답하겠고 그들이 말을 마치기 전에 내가 들을 것이며 사 65:24

기도 응답과 관련해 꼭 기억해야 할 것들이 있다. 기도는 우리가 인지할 수 있는 수준을 넘어서 응답된다는 것이다. 이것에 혼란이 오면 하나님을 응답하지 않으시는 분으로 오해하기 쉽다. 나도 기도하다가 하나님이 참 야속하고 원망스러워 기도에 흥미를 잃고 멈춰버린 때가 있었다. 기도를 들으시는 하나님에 대한 오해 때문이었다.

중학교 때 예수님을 인격적으로 만나고는 천국 백성 삼아주신 것이 너무 감사했다. 그런데 믿음은 들음에서 난다는 설교를 들은 후 마음이 힘들어졌다. 아버지가 청각장애인이시기 때문이다. '믿음은 들음에서 나는데 아버지가 설교 말씀을 들을 수 없으니, 그렇다면 아버지는 천국에 못 간다는 말인가?' 하고 걱정이 되어 아버지의 귀를 두고 기도하기 시작했다.

대구 동부교회를 다녔는데 금요일 밤에는 금요철야 기도회가 있었다. 중고등부 시절, 금요일은 수업을 마치고 늦은 시간까지 철야기도를 했다. 내 귀를 붙잡고 하나님께 기도했다. "하나님! 아버지의 귀라고 생각하시고 빨리 고쳐주세요. 들리게 해주세요. 부자 되기 위해서 고쳐달라는 것이 아닙니다. 천국 백성 삼아달라고 기도하는 것이니 고쳐주세요"라고 간절하게 기도했다.

그러나 수십 년 동안 기도해도 하나님은 아버지의 귀를 고쳐주지 않으셨다. 그 때문에 나는 하나님에 대하여 소위 '삐딱선'을 타게 되었다. 하나님께 서운했다. 하나님이 이중 인격자처럼 느껴졌다. 교역자가 되어서도 응답하시는 하나님에 대해 설교하기가 쉽지 않았다. 그런데 어느 날 대학원

수업 마치고 집에 왔는데 아버지가 성경을 읽으시는 모습을 보고 가슴이 먹먹해지는 것을 느꼈다.

'아들의 설교는 들을 수 없지만, 아버지는 하나님의 설교만을 들으시는구나! 하나님은 우리 아버지에게 아들 목사의 볼품없는 설교와는 비교할 수 없는 완전한 말씀, 하나님의 말씀을 직접 듣게 하시는구나!'

아버지는 세상의 소리에는 귀가 열리지 않은 대신 하나님의 설교인 성경에만 귀가 열려 있었다. 하나님의 놀라운 은혜였다. 비로소 나는 아버지가 하나님의 음성만 들을 수 있도록 만들어 놓으신 하나님을 찬양하게 되었다.

너희 중에 누가 아들이 떡을 달라 하는데 돌을 주며 생선을 달라 하는데 뱀을 줄 사람이 있겠느냐 마 7:9,10

1000퍼센트 응답

어느 날 막내가 가족들과 함께 TV를 보다 말고 급히 집 밖으로 달려 나갔다. 무슨 일인가 싶어 따라 나갔더니 아파트 베란다 복도에서 무릎을 꿇고 기도하고 있었다. 기도가 끝난 뒤 어떤 기도를 했냐고 물어보자 "아빠, TV에 나온 춤추는 로봇이 가지고 싶어요"라고 했다.

막내의 기도를 부모가 듣게 하셨다면 부모를 통해 역사하실 것으로 생각하고 아내와 함께 그 로봇을 부지런히 검색해보았는데 찾을 수가 없었다. 아이가 기도했는데 사줄 길이 없어 마음이 무거웠다.

그런데 그다음 날 아내에게 전화를 받았는데, 교회에 간 막내가 성경캠프 선물로 어제 TV에서 본 춤추는 로봇을 받아서 집에 들고 왔다는 것이 아닌가. 아이의 기도를 하나님이 들으셨다. 하나님은 언제나 응답하신다. 100퍼센트를 넘어 역사하신다.

기도 응답은 우리의 인지 수준을 뛰어넘기 때문에 우리가 상상하지 못하고 상상할 수 없는 방법으로 응답되기도 한다. 하나님을 우리와 같거나 비슷한 수준으로 생각해서는 안 된다. 영국의 신학자 리처드 시브스(Richard Sibbes)는 "어떻게 유한한 존재가 무한한 존재를 파악할 수 있단 말인가?"라고 말했다. 유한한 존재가 무한한 존재를 온전하게 파악할 수 없다.

기도가 응답되지 않았다고 생각하는 것은 하나님의 방법을 타락한 인간의 이성으로 이해하려고 하기 때문이다. 전적으로 타락한 인간의 지성으로 하나님의 놀라운 계획을 다 알 수 없다. 하나님은 타락한 이성의 방법이 아니라 '하나님의 방법'으로, 하나님의 수준으로 응답하신다.

이는 내 생각이 너희의 생각과 다르며 내 길은 너희의 길과 다름이니라 여호와의 말씀이니라 이는 하늘이 땅보다 높음같이 내 길은 너희의 길보다 높으며 내 생각은 너희의 생각보다 높음이니라 사 55:8,9

여호와의 말씀이니라 너희를 향한 나의 생각을 내가 아나니 평안이요 재앙이 아니니라 너희에게 미래와 희망을 주는 것이니라 렘 29:11

아무리 장미꽃이 예쁘다고 한겨울에 꽃을 피워달라고 해도 하나님은 그때 꽃을 피우지 않으신다. 꽃이 피는 계절에, 그 꽃이 가장 아름다움을 드러낼 수 있을 때 피어나게 하신다. 하나님은 "그래!", "안돼!", "기다려!"로 응답하시며 100퍼센트 응답하시고 100퍼센트 좋은 것을 주신다. 인간의 어설픈 순간이 아닌 하나님의 타이밍에 최고의 것으로 채워주신다.

혹 기도 응답이 되지 않아 기도를 포기하고 있는가? 기도의 삶 때문에 하나님께 서운한가? 기도는 반드시 응답이 따라온다. 하나님께서 기도를 우리에게 명령하셨기 때문이다. 우리에게 기도를 명령하신 분은 우리에게 모든 것을 주기 원하시는 하나님이시다. 마르지 않으시는 분, 언제나 넘치도록 주시는 하나님이 모든 것의 시작이시다.

> 너희 중에 누구든지 지혜가 부족하거든 모든 사람에게 후히
> 주시고 꾸짖지 아니하시는 하나님께 구하라 그리하면 주시리
> 라 **약 1:5**

그것 vs 그분

> 너희가 악한 자라도 좋은 것으로 자식에게 줄 줄 알거든 하물
> 며 하늘에 계신 너희 아버지께서 구하는 자에게 좋은 것으로
> 주시지 않겠느냐 **마 7:11**

기도할 때 하나님은 언제나 가장 좋은 것을 주신다고 말씀하셨다. 여기에서 말하는 좋은 것은 뭘까? 대학 합격만 구했는데, 전액 장학금까지 주신다는 것일까? A학점을 구했는데 A⁺를 주시는 걸까? 결혼만 구했는데 남편이 부자인 사람을 만난 것일까? 직장 취직만을 구했는데 엄청난 연봉을 주는 곳으로 인도해주신 것일까?

우리는 내가 요구하는 것을 하나님께서 정확한 시간에 내가 기도한 내용대로 주셔야 기도가 응답되었다고 생각하

고, 그때 가장 좋은 것을 주셨다고 생각한다. 그러나 가장 좋은 것을 주신다는 하나님 약속의 말씀은 이 정도의 응답을 이야기하는 것이 아니다. 우리가 생각하고 기대하는 그 이상이다. 마태복음 7장 11절 말씀은 가장 큰 기도의 비밀, 기도의 본질을 말씀하고 있는데 병행 구절을 살펴보자.

> 너희가 악할지라도 좋은 것을 자식에게 줄 줄 알거든 하물며 너희 하늘 아버지께서 구하는 자에게 성령을 주시지 않겠느냐 하시니라 눅 11:13

이 구절에서 좋은 것을 "성령"이라고 하신다. 성령, 곧 하나님을 의미한다. 기도하면서 우리는 '그것'을 원하는데, 하나님은 '그분'을 주신다는 것이다. 우리는 "'그것'을 주십시오!" 하는데 하나님은 그것을 언제나 주실 수 있는 하나님을 주신다. 하나님 자신을 주신다. 우리가 구하는 것은 마른 목을 겨우 축이는 물에 불과했는데, 하나님은 결코 마르지 않는 폭포수인 그분 자신을 주신다. 기도하는 내내 하나님과의 교제가 이루어지기 때문이다. 그래서 기도의 본질은 '응답'에 있지 않다. '관계'에 있다.

> 구하라 그리하면 너희에게 주실 것이요 찾으라 그리하면 찾

아낼 것이요 문을 두드리라 그리하면 너희에게 열릴 것이니

마 7:7

헬라어 원문을 보면 "구하라, 찾으라, 두드리라" 이 동사들은 한 번의 행동으로 끝나지 않고 계속적인 행동을 의미하는 미완료 시제로 되어있다. 하나님의 깊은 속마음이 표현된 곳이다. 하나님은 우리가 기도를 통해 하나님과 계속 연결되어 있기를 원하신다. 하나님과 연결된 것보다 더 귀한 일은 없다. 우주 만물의 주인이신 하나님과 연결된 것보다 더 큰 축복은 없다.

영국의 종교개혁자이자 신학자인 존 웨슬리(John Wesley)는 "무엇보다 성도에게 가장 좋은 것은, 하나님이 우리와 함께하신다는 것이다"라고 말했다. 그의 말처럼 이 세상에서 우리에게 가장 좋은 것은 하나님이 우리와 함께하시는 것이다. 기도를 통해서 우리는 하나님을 우리의 삶에 모시게 된다. 이것이 기도의 핵심이요 본질이다. 기도의 가장 큰 축복이다.

한강의 발원지 검룡소

한강은 언제나 물이 마르지 않았다. 다른 강은 가뭄으로

말라도 언제나 한강이 넘실거렸던 것은 바로 한강의 발원지인 검룡소(儉龍沼) 때문이다. 검룡소는 강원도 태백시 창죽동에 있는 분출수로, 대덕산과 함백산 사이 금대봉자락 800미터 고지에 있는 둘레 약 20미터의 소(沼)이다. 이곳에서는 하루에도 2천-3천 톤의 물이 솟아나 계속해서 흘러넘친다. 그 물은 한강을 채우고 또 채운다. 한강은 이 검룡소 덕분에 지금까지 마른 적이 없으며, 어떠한 가뭄에도 물이 넉넉하다.

인생도 마찬가지이다. 근원이신 하나님과 연결된 삶이 가장 중요하다. 마르지 않으시는 분, 언제나 넘치도록 주시는 하나님이 모든 것의 시작이시기에 하나님께 연결되기만 하면 우리 삶은 마르지 않는다. 이것이 인생의 핵심이다.

어떤 소망 없는 자라도 기도를 통해 하나님과 연결되면 살 수 있다. 12년간 혈루병 앓던 여인, 죽은 나사로, 사마리아 여인을 보라. 38년 된 병자, 소경 바디매오를 보라. 주님과 접촉하기만 하면 산다. 기도의 삶을 살고 있다면 그 인생은 흘러넘치는 인생이 될 것이다.

아무리 똑똑한 어린이도 어머니가 없으면 위기이다. 모든 공급책이 어머니에게 있기 때문이다. 코찔찔이도 괜찮다. 지혜롭지 못해도 괜찮다. 부모와 연결되어 있으면 된다. 거기에 아이의 생존 여부가 달렸다. 우리는 바이러스 하나에도 쩔쩔매는 무력하고 연약한 죄인이다. 그분과 연결되지 않으면 그때부터 삶은 두려움이다. 불안하고, 초조하고, 외롭게 살아갈 것이다. 그 삶을 청산해야 한다.

기도는 주님과 접촉하는 길이며, 그렇게 주님과 연결되면 산다. 그래서 성도가 이 세상을 살아가는 방법은 하나님께 붙어 있는 것이다. 주님께 붙어 있는 것이 성도의 실력이요 능력과 힘이다. 두려운 자, 마음이 병든 자, 물질의 어려움을 당하는 자가 있다면 세상의 주인이신 주님께 기도해야 산다. 죽은 자도 살리신 주님께 기도할 때 우리는 다시 살게 된다.

나는 포도나무요 너희는 가지라 그가 내 안에, 내가 그 안에 거하면 사람이 열매를 많이 맺나니 나를 떠나서는 너희가 아무것도 할 수 없음이라 요 15:5

이 앞 절은 더 중요하다. 왜 우리가 주님께 붙어 있어야 하는지 말씀하고 있기 때문이다.

내 안에 거하라 나도 너희 안에 거하리라 가지가 포도나무에 붙어 있지 아니하면 스스로 열매를 맺을 수 없음같이 너희도 내 안에 있지 아니하면 그러하리라 요 15:4

왜 주님께 붙어 있어야 하는가? '스스로'라는 단어를 주목해야 한다. 우리는 스스로 열매를 맺을 수 없기 때문이다. 주님께 붙어 있어야 우리 삶에 열매가 시작된다. 그래서 가장 중요한 것은 하나님과 지속적인 관계를 유지하는 것이다.

하나님 안에 거하라

너희가 내 안에 거하고 내 말이 너희 안에 거하면 무엇이든지 원하는 대로 구하라 그리하면 이루리라 요 15:7

우리는 '응답'에만 관심이 있지만, 하나님은 '관계'에만 관심을 두신다. 하나님은 언제나 열매보다 관계를 먼저 말씀하신다. 관계가 1순위이고, 응답은 따라오는 것이다. 그래서 하나님 안에 거하는 것이 가장 큰 복이고 모든 것을 다 가진 존재가 되는 일이다.

당신의 1순위는 무엇인가? 응답인가, 관계인가? 우리의 1순위는 하나님 안에 거하는 것이어야 한다. 이보다 더 위대한 복은 없다. 그분은 복을 만들어내시는, 복의 근원이시다. 가장 지혜로운 사람은 복이 아니라 복의 근원을 붙잡는 사람이다.

응답이 목적인 사람은 요구만 하면 끝나기 때문에 하나님과 할 말이 별로 없다. 그러나 기도의 핵심이 '관계'인 것을 아는 사람의 기도 시간은 다르다. 아주 작고 사소한 것까지도 아뢰는 대화로 주님께 나아가기 때문에 기도의 시간은 길어질 수밖에 없다. 기도의 시간이 즐겁고 그 시간이 기다려진다.

그래서 우리는 거룩한 낭비를 시작해야 한다. 기도에 더 많은 시간을 쏟아야 한다. 바쁘고 치열한 경쟁 시대에 기도의 시간을 만든다는 것이 세상 사람들의 눈에는 시간을 낭비하는 한심한 일로 보일 수 있다. 그러나 기도를 통해 궁극적으로 하나님을 얻기에, 그 시간이 인생의 방향을 바꾸고 기쁨을 치솟게 하며 인생의 질이 달라지게 한다.

그러니 바쁠수록 더욱 기도해야 한다. 마치 기도하기 위해 태어난 사람처럼 살아야 한다. 친구가 없어서 죽는 것이 아니라 하나님이 없으면 죽는다. 이야기 나눌 사람이 없어 죽는 것이 아니라 하나님이 없으면 죽는다. 정부에서 나누어주는 돈으로 몇 달은 살지만 하나님이 없으면 영원한 죽음을 맞는다.

집에 아무리 수도 파이프가 연결되고 뜨거운 물이 준비되었어도 가만히만 있으면 물은 쏟아지지 않는다. 콸콸 쏟아지는 물을 경험하기 위해서 해야 할 일은 수도꼭지를 트는 것이다. 아무리 발전소에서 우리 집으로 전력을 보내도 전기 스위치를 켜지 않으면 밝은 빛을 볼 수 없다. 수도꼭지를 돌리고 전기 스위치를 올릴 때 놀라운 경험을 하게 된다.

하나님을 얻는 이 기도를 포기하지 말자. 하나님과 연결되는 기도를 놓치지 말자. 기도가 끊어지면 하나님과의 관계가 멀어진다. 기도가 멈추는 것은 삶의 근원을 닫아버리는 것이고, 모든 공급원을 버리는 것이다. 요즘 하나님과 관계를 누리고 있는지 점검해보아야 한다.

놀라운 임재의 선물

서두에 함께 나누었던 부부의 이야기가 남아 있다. 그 이야기는 남편의 죽음으로 끝나지 않았다. 하나님은 그 남편을 천국으로 인도하시며 집안의 놀라운 변화를 경험하게 하셨다. 우리는 그곳에서 함께 예배를 드리며 매주 천국을 경험하였다. 암의 고통을 넘어서서 감사 제목이 쏟아졌고, 슬픔과 눈물이 아니라 기쁨과 환희가 매주 예배를 통하여 하나님께 드려졌다.

남은 가족들에게도 변화가 있었다. 믿음이 없었던 두 자녀는 반복적인 예배를 드리면서 하나님을 뜨겁게 사랑하는 하나님의 자녀로 변화되어 있었고 아내 집사님의 믿음도 놀라울 정도로 성장해 있었다.

하나님은 췌장암을 통해 그 가정에 죽음조차도 막을 수 없는 하나님의 놀라운 임재를 선물해주셨다. 하나님을 강력하게 붙잡는 가정으로 만들어주셨다. 그들을 이 땅의 생존자가 아니라 사명자로 세워주셨다. 기도를 통해 언제나 최고의 것을 주시는 하나님은 그들 가족에게도 최고의 응답을 주셨다. '그것'이 아니라 '그분'을 주심으로써….

03

진짜 기도는 다르다

야고보서 5장 13-18절

13 너희 중에 고난당하는 자가 있느냐 그는 기도할 것이요 즐거워하는 자가 있느냐 그는 찬송할지니라 14 너희 중에 병든 자가 있느냐 그는 교회의 장로들을 청할 것이요 그들은 주의 이름으로 기름을 바르며 그를 위하여 기도할지니라 15 믿음의 기도는 병든 자를 구원하리니 주께서 그를 일으키시리라 혹시 죄를 범하였을지라도 사하심을 받으리라 16 그러므로 너희 죄를 서로 고백하며 병이 낫기를 위하여 서로 기도하라 의인의 간구는 역사하는 힘이 큼이니라 17 엘리야는 우리와 성정이 같은 사람이로되 그가 비가 오지 않기를 간절히 기도한즉 삼 년 육 개월 동안 땅에 비가 오지 아니하고 18 다시 기도하니 하늘이 비를 주고 땅이 열매를 맺었느니라

기도의 사람, 야고보와 엘리야

우리집 삼형제는 태권도 도장을 다니고 있다. 체육관을 너무 즐거워해서 태권도 도장에 가는 날이면 목소리도 커지고 씩씩해진다. 인사하는 태도도 달라진다. 태권도 도장을 좋아하는 이유 중 하나는 상을 후하게 준다는 것이다. 세 아이가 다 태권도에 소질이 있나 할 정도로 태권도 도장에서 상을 많이 받아온다. 그런데 그런 오해는 이내 사라진다. 도장에 다니는 아이들을 격려하고 자신감을 높여주기 위해서 많은 상을 모든 아이에게 준 것이다.

어느 날 일곱 살 막내가 발차기하는 모습이 새겨진 황금색 태권도 트로피를 두 손에 들고 자랑스러운 표정으로 집에 들어왔다. 우쭐한 모습으로 "아빠! 도장에서 상 받았어요!"라고 외치는 막내에게 아빠로서 해줄 수 있는 모든 칭찬과 스킨십으로 격려해주었다. 막내가 트로피를 얼마나 소중하게 여기는지 모른다. 가장 멋있는 곳에 보관하며 언제나 소중하게 다루었다.

한번은 집에 놀러 온 사촌들에게 막내가 매우 진지하고 심각하게 "이거 진짜 금이야!"라고 말했다. 플라스틱으로 만든 가짜 트로피를 진짜 금으로 알고 있었던 것이다.

성도들의 기도 생활도 그럴 수 있다. 하나님께서 주목하시는 기도가 있는데 자신의 기도를 착각하며 기도하고 있는 성도들이 있다. 자신의 기도가 짝퉁 기도임에도 하나님께서 주목하고 계시는 명품기도라고 착각할 수도 있다.

낙타 무릎이라는 별명을 가진 기도의 사람이 있다. 예수님의 동생 야고보이다. 전승에 따르면 그는 오랜 시간 동안 기도하였기에 그의 무릎에는 낙타 무릎처럼 굳은 살이 박혀 있었다고 한다. 위대한 기도자였음은 분명하다.

신약에서 기도의 사람인 야고보가 기도에 관하여 구약에서 언급한 한 사람이 있다. 바로 엘리야이다. 기도의 사람 야고보가 구약에서 주목한 기도의 사람 엘리야를 주목해보아야 한다. 열왕기상 18장에는 야고보가 엘리야를 기도의 모델로 세운 이유가 기록되어 있다. 엘리야가 진짜 기도의 사람이 될 수 있었던 그 이유는 뭘까?

하늘 문을 여는 진짜 기도

아합 왕이 온 이스라엘로 하여금 바알을 숭배하게 만들어 이스라엘 백성은 바알이 하늘에서 비를 내리고 온 땅을 풍요롭게 한다고 믿었다. 그래서 엘리야 선지자는 그들의 생각이 틀렸다는 것을 깨닫게 하려고, 하나님께 비가 오지 않도록 기도했다. 그리고 아합 왕에게 "내 말이 없으면 수년 동안 비도 이슬도 있지 아니하리라"(왕상 17:1)라고 경고했다. 그러자 정말 땅에 비가 오지 않아서 모든 시내가 마르고 기근이 들었다.

3년 후, 엘리야 선지자는 다시 아합 왕에게 가서 바알이 참 신인지 여호와 하나님이 참 신이신지 알기 위해 대결을 하자고 했다. 그래서 엘리야는 450명의 바알 선지자와 400명의 아세라 선지자들과 갈멜산에 모여 850:1의 전투를 하게 되었다. 송아지를 잡아 단 위에 놓고 각자 자기의 신에게 하늘에서 불을 내려 단을 불살라 달라는 기도를 하기로 했다.

먼저 바알과 아세라의 선지자들이 그 우상의 이름을 불렀다. 칼과 창으로 몸을 상하게 하며 아침부터 저녁까지 불 내리기를 기원했지만 불은 내리지 않았다. 자신들의 우상에게 기도했지만 응답받지 못했다.

그러나 엘리야 선지자는 송아지 번제물 위에 4통의 물을 붓고 기도했는데, 곧 하늘에서 여호와의 불이 내려와 번제물과 나무와 돌과 흙과 도랑의 물까지 태워버렸다. 머뭇머뭇하며 한마디도 대답하지 않던(왕상 18:21) 이스라엘 백성은 그제야 엎드려 "여호와 그는 하나님이시로다 여호와 그는 하나님이시로다"(왕상 18:39)라며 하나님이 참 신이심을 인정했다.

엘리야는 바알과 아세라 선지자들을 기손 시내에서 다 죽이고, 아합 왕에게 "큰비의 소리가 있나이다"라고 담대히 말한 뒤, 갈멜산 꼭대기에 올라가서 땅에 꿇어 엎드려서 얼굴을 무릎 사이에 넣고 기도했다. 그렇게 일곱 번까지 기도하자, 바다에서 사람의 손만 한 작은 구름이 일어나더니 조금 후에 구름과 바람이 일어 하늘이 캄캄해지고 큰 소낙비가 내렸다.

비를 멈추기도, 내리기도 한 것은 엘리야의 '기도'였다. 하늘 문을 닫았다가 하늘 문을 열었다가 하는 그의 기도에는 어떤 특징이 있을까?

엘리야는 우리와 성정이 같은 사람이로되… **약 5:17**

야고보는 응답받는 엘리야의 기도를 이야기하며 제일 먼저 "엘리야는 우리와 성정이 같다"라고 말한다. 기도를 이야기하는데 왜 우리와 동일한 사람이라는 것부터 먼저 언급하는 것일까? 기도는 특별한 사람의 전유물이 아니라는 것이다. 기도는 목회자들만의 전유물이 아니다. 기도원에 있는 사람들만의 것이 아니다. 우리 모두의 것이다.

믿음이 서툰 사람도 능력의 기도자가 될 수 있다. 나이가 어려도, 글을 못 배웠어도, 예수님을 믿은 지 얼마 되지 않았어도 하늘의 문을 여는 기도자가 될 수 있다. 기도하는 자는 연약할지라도 기도를 들으시는 분이 창조주 하나님이시기 때문이다.

하나님만이 답이 될 때

모든 그리스도인의 전유물인 기도. 그런데 기도로 하늘 문을 열기 위해 잊지 말아야 할 것이 있다. 엘리야가 기도한 모습에 주목해보자.

> 아합이 먹고 마시러 올라가니라 엘리야가 갈멜산 꼭대기로 올라가서 땅에 꿇어 엎드려 그의 얼굴을 무릎 사이에 넣고 **왕상 18:42**

엘리야가 이렇게 땅에 꿇어 기도한 이유가 무엇일까? 엎드려 기도한 이유가 무엇일까? 그의 얼굴을 무릎 사이에 넣고 기도한 이유는 무엇일까? 엘리야가 기도하는 모습을 그림으로 그려서 제목을 붙인다면 아마 '간절함'일 것이다. 엘리야가 이렇게 간절하게 기도한 이유가 있다.

> 엘리야가 백성에게 이르되 여호와의 선지자는 나만 홀로 남았으나 바알의 선지자는 사백오십 명이로다 **왕상 18:22**

우상을 섬기는 하나님의 백성 앞에 이제 여호와의 선지자는 엘리야 하나였고, 그에게는 이제 하나님밖에 없었다. 즉 기도밖에 답이 없었다. 다른 것 다 해보다가 '기도나 해볼까?' 하면서 기도로 돌아온 것이 아니었다. 다른 방법이 없었다. 하나님만이 그에게 유일한 답이었다.

하나님만이 답이 될 때 하나님이 답을 주신다. 하나님밖에 답이 없는 사람은 다르다. 하나님이 답일 때, 하나님이 주시는 것이 있다. 간절함이다. 간절함은 하나님의 기도 응답의 보증서이다.

> 나를 사랑하는 자들이 나의 사랑을 입으며 나를 간절히 찾는 자가 나를 만날 것이니라 **잠 8:17**

선을 간절히 구하는 자는 은총을 얻으려니와 악을 더듬어 찾는 자에게는 악이 임하리라 **잠 11:27**

엘리야에게는 하나님만이 답이었다.

그의 사환에게 이르되 올라가 바다 쪽을 바라보라 그가 올라가 바라보고 말하되 아무것도 없나이다 이르되 일곱 번까지 다시 가라 **왕상 18:43**

엘리야는 적어도 7번 기도했다는 것을 알 수 있다. 6번까지는 변화가 없었다. 그런데도 계속 사환을 보냈다. 계속 가게 했다. 보내고 또 보냈다. 사환조차도 포기하고 싶은 마음이 들었겠지만, 엘리야는 포기할 수 없었다. 이유는 분명했다. 하나님만이 유일한 그의 답이었기 때문이다.

간절한 기도의 능력

예수님의 기도, 그리고 응답받은 믿음의 선배들의 기도에는 언제나 간절함이 있었다.

그들을 떠나 돌 던질 만큼 가서 무릎을 꿇고 기도하여 **눅 22:41**

베드로가 사람을 다 내보내고 무릎을 꿇고 기도하고 돌이켜 시체를 향하여 이르되 다비다야 일어나라 하니 그가 눈을 떠 베드로를 보고 일어나 앉는지라 행 9:40

다니엘 이 조서에 왕의 도장이 찍힌 것을 알고도 자기 집에 돌아가서는 윗방에 올라가 예루살렘으로 향한 창문을 열고 전에 하던 대로 하루 세 번씩 무릎을 꿇고 기도하며 그의 하나님께 감사하였더라 단 6:10

이들은 하나같이 엘리야처럼 무릎을 꿇고 간절하게 기도했다. 하나님만이 답이었기 때문이다. 결국 하늘 문을 여는 기도는 하나님밖에 답이 없는 간절함의 기도이다. 세상은 고개를 들고 살라고 하지만 우리는 엎드리며 사는 존재이다. 창조주 앞에 엎드리며 사는 것이 피조물로서 최고의 역할이다. 엎드릴 때 우리 삶이 세워질 것이다.

너희가 내게 부르짖으며 내게 와서 기도하면 내가 너희들의 기도를 들을 것이요 너희가 온 마음으로 나를 구하면 나를 찾을 것이요 나를 만나리라 렘 29:12,13

미국에 공부하러 가기 위해서 하나님께 기도한 적이 있었다. 문제는 학비와 생활비였다. 주변의 동역자들이 기도카드를 만들고 후원자를 찾아다니면 된다고 여러 가지 많은 방법을 말해줬지만 아내와 나는 사람을 찾거나 후원자를 만들지 않기로 하고 함께 하나님께만 기도했다.

"하나님! 저는 하나님밖에 없습니다. 하나님만 답입니다. 아무것도 없습니다. 하나님 아시죠. 하나님이 가지 말라고 하시면 멈추겠습니다."

금식하며 간절히 기도했다. 하나님만 향하는 기도는 달랐다. 하나님만 남은 기도는 기도의 자세도, 시간도, 목소리도, 기도의 마음도 이전의 기도와는 달랐다. 한 달쯤 지났을 때 외국에 있는 어떤 분에게서 연락이 왔다. 서로 알지 못하는 분이었는데, 인터넷으로 설교를 듣다가 마음에 감동이 있어서 연락을 드렸다며 상당한 부분의 학비를 지원해 주셨다.

하나님께 계속해서 기도하고 있었기 때문에 하나님의 도움이라는 것이 강력하게 느껴졌고, 덕분에 나는 미국에 가서 공부를 할 수 있었다. 그 이후로도 어려운 상황을 숱하게 만났지만 그때마다 우리 가정은 언제나 유일한 답 되신 하나님께 기도하고 또 기도했다.

사실 하나님만 남은 순간은 매우 비참한 순간이다. 통곡의 순간이다. 그러나 그 순간은 가장 부유해지는 출발점이다. 하나님만을 향한 위대한 기도가 시작되기 때문이다. 통곡 소리는 이내 곧 찬송 소리로 바뀔 것이다. 슬픔의 눈물은 은혜의 눈물로 바뀔 것이다. 하나님만이 답이 될 때, 하나님은 가장 위대한 방법으로 답을 주신다.

나에게 답은 무엇인가

우리에게는 하나님 외에 답이 너무 많다. 다른 사람들에게서 답을 얻는다. 자신의 능력을 답으로 삼는다. 자신이 가진 것으로 답을 대신하려고 한다. 그러나 하나님 외에 모든 것은 오답이다. 예수 그리스도 한 분만이 진리이시다. 때로 돈 많은 사람이 돈 때문에, 인기 많은 사람이 인기 때문에, 인맥을 중요시하는 자가 사람 때문에 자살하는 경우가 있다. 답이라 여겼던 것이 오답이 되었기 때문이다.

기도는 하는데 하나님'도' 답으로 여기는 사람이 있다. 이런 기도는 사실 하나님을 답으로 여기지 않는 것이다. 이 기도는 간절함이 사라져버린 기도이다. 많은 사람이 '기도나 해볼까? 기도도 해볼까?' 하는 마음으로 기도하다가 기도를 포기해버린다. 바빠서가 아니다. 게을러서도 아니다. '기도 외에는 길이 없다'라고 생각하지 않기 때문이다. 간절함이 사라진 것은 하나님이 답이라고 생각하지 않기 때문이다. 기도가 절박하지 않다는 것은 아직도 하나님 외에 기댈 구석이 남아 있기 때문이다. 하나님은 최후의 수단이 아니라 최초의 수단이 되어야 한다.

우리 교회의 금요철야 예배에는 강력한 기름 부으심이 있다. 금요철야 예배에 참석하기 위해 전국에서 기차를 타고 오기도 하고 주변 숙소에 머물며 참석하기도 한다. 가정에서 포기한 사람, 병원에서 안 된다고 한 사람, 사업하다가 부도난 사람, 모든 것을 다 잃은 사람들이 마지막으로 오는 곳이기에 금요철야 예배는 하나님 한 분만 남은 사람들의 예배이다. 이 예배에 달려오는 성도들이 다급한 목소리로 가장 많이 외치는 소리는 "하나님, 제발 좀 살려주세요"라는 말이었다.

하나님만 답으로 남은 사람들의 기도는 다르다. 더러운 바닥도 상관하지 않고 무릎을 꿇는다. 주변에 있는 사람들도 의식하지 않는다. "주여~~!!!"라고 창자가 끊어질 만큼 간절하고 처절하게 하나님을 부른다. 두 손을 들고 눈물을 흘리며 하나님을 향해 부르짖는다. 시간도 보지 않는다. 밤 깊도록 새벽이 이르도록 하나님께 나아간다. 이유는 딱 하나이다. 하나님만 답으로 남았기 때문이다. 그래서 금요철야 예배에는 지금도 수많은 간증이 쏟아진다.

요즘 어떻게 기도하고 있는지 돌아보라. 하나님이 답이

라는 확신이 있는가. 내가 아무것도 할 수 없는, 사람 한 명도 제대로 사랑할 수 없는 무능한 죄인이라는 것이 인정되는가. 내가 정답이 될 수 없다는 것을 인정해야 나의 시선이 하나님을 향한다. 그때 하나님만이 답이 되고 간절한 기도가 시작되며 응답이 시작된다.

때로는 하나님이 갈멜산에 나 혼자만 남기실 때가 있다. 인생 가운데 하나님만을 답으로 남기실 때가 있다. 건강 앞에 손을 들게 될 때가 있고, 모든 사람이 나를 떠나갈 때가 있다. 내게 있는 능력이 아무짝에도 쓸모없도록 비참해질 때가 있고, 재정적으로 빈털터리가 될 때가 있다.

그러나 그때는 위기가 아니다. 오히려 하나님이 답이 되시는 때, 하나님이 응답하실 때, 하나님이 역사하실 때, 하나님이 답이 되시기 위한 하나님의 작업시간이라는 것을 알아야 한다. 그때 그 기회를 놓치지 말고, 하늘 문이 열리는 간절함의 기도를 시작하라.

간절하게 기도하는 한 사람

사람들은 대개 한 사람의 기도를 무시하는 편이다. 그래서 한 사람 앞에 붙이는 수식어가 있다. '겨우'라는 말이다. "겨우 한 사람"이라고 말한다. 한 사람의 가치를 몰라서 그렇다.

1645년, 단 한 표 차로 올리버 크롬웰에게 전 영국을 다스리는 통치권이 부여되었다. 1649년, 영국 왕 찰스 1세는 단 한 표 때문에 처형됐고, 1776년, 미국은 단 한 표 차로 독일어 대신 영어를 국어로 채택했다. 1868년, 앤드류 존슨 미국 대통령은 단 한 표 덕분에 탄핵소추를 모면했다. 1875년, 프랑스는 단 한 표 차로 왕정에서 공화국으로 바뀌는 새 역사를 시작했다. 한 사람은 결코 무시할 존재가 아니다.

언제나 성경은 한 사람을 이야기하고 있고, 하나님 또한 여전히 한 사람을 주목하고 계신다. 유다 백성의 패역으로 하나님께서 예루살렘을 심판하실 때, 하나님은 이렇게 말씀하셨다.

> 너희는 예루살렘 거리로 빨리 다니며 그 넓은 거리에서 찾아보고 알라 너희가 만일 정의를 행하며 진리를 구하는 자를 한 사람이라도 찾으면 내가 이 성읍을 용서하리라 렘 5:1

한 사람의 가치를 알 수 있다. 하나님은 한 사람을 통해 일하셨고, 앞으로도 한 사람을 통해 일하실 것이다. 아브라함 한 사람이 믿음으로 순종하여 믿음의 자손들에게 길이 열렸고, 노아 한 사람의 순종으로 많은 사람이 구원의 은혜를 경험했다. 모세 한 사람 때문에 이스라엘 백성이 하나님의 진노에서 벗어날 수 있었고, 요셉 한 사람이 있어서 많은 백성이 기근의 때에도 살 수 있었다.

하나님은 칠흑 같은 어두운 시대에 엘리야 한 사람을 통해 소망의 빛을 비추셨고, 느헤미야 한 사람이 드리는 눈물의 기도를 통해 이스라엘의 역사를 회복시키셨다. 짓밟혀 가던 여호와의 이름이 다윗 한 사람 때문에 다시 세워질 수 있었다. 아담 한 사람 때문에 인류는 타락했고, 예수 그리스도 한 분을 통하여 온 인류가 소망을 얻었다.

하나님은 기도의 한 사람을 통해 일하신다. 하나님과 동역하는 자는 똑똑한 사람도 아니고, 신앙생활을 오래 한 사람도 아니다. 목사도 아니고, 직분자도 아니다. 하나님은 기도하는 사람과 함께하시고 함께 일하신다. 한 사람의 기도는 위대하다. 나이에 상관없이, 믿음의 기간과 상관없이 한 사람의 기도에는 파워가 있다.

다시 기도하니 하늘이 비를 주고 땅이 열매를 맺었느니라
약 5:18

하나님이 답이라고 생각하는 한 사람의 기도가 나라 전

체를 살렸다. 3년 6개월 동안 닫혀 있던 하늘이 열렸다. 하나님은 여전히 하나님을 답으로 여기며 간절히 기도하는 한 사람을 통해 일하고 계신다. 오늘도 하나님은 기도하는 한 사람을 찾고 계신다. 기도하는 한 사람은 '겨우 한 사람'이 아니라 '위대한 한 사람'이다.

기도하기 위해서 태어난 사람처럼 살라. 오늘이 마지막인 듯 기도하라. 주님은 기도를 통해 반드시, 반드시 응답하실 것이다. 주님은 우리의 기도를 통해 가정을 살리고 다음 세대를 일으키실 것이다. 교회에 부흥을 허락하시고 예배를 살려주실 것이다. 영적 앉은뱅이를 일으켜주시고 마른 뼈들을 살려주실 것이다. 죽지 못해 사는 영혼을 주께서 반드시 세워주실 것이다. 선교에 부흥을 주시고 불신자들을 주님께 돌아오게 하실 것이다. 우리의 기도로 말미암아 코로나와 여러 위기를 넘어서게 하실 것이다. 한 사람의 눈물의 기도로 말미암아 조국 대한민국을 다시 살려주실 것이다.

PART

2

기도와
그리스도인

CHAPTER

04
그리스도인의
증거는
기도이다

사도행전 17장 28절

28 우리가 그를 힘입어 살며 기동하며 존재하느니라 너희 시인 중 어떤 사람들의 말과 같이 우리가 그의 소생이라 하니

돌봄이 필요한 존재

대부분의 동물은 자신을 보호할 자신만의 무기나 신체적 조건을 가졌다. 사자에게는 엄청난 이빨이 있고 얼룩말에게는 빠르게 달리는 다리가 있다. 새는 푸른 창공을 날아다닐 수 있는 날개가 있고 카멜레온은 자신의 몸 색깔을 변화시킬 능력이 있다.

그런데 양에게는 아무것도 없다. 뿔이 있기는 하지만, 자신을 방어하기에는 역부족이다. 게다가 양은 지독한 근시안이다. 3미터 정도까지밖에 보지 못하기 때문에 대상이 조금만 멀리 떨어져 있어도 잘 알아보지 못하고, 방향감각도 없다. 양의 특징은 약점투성이라는 것이다.

이러한 특징들을 통해 양은 결코 혼자 살아갈 수 없다는

것을 알 수 있다. 양은 반드시 목자의 도움이 필요하고, 돌
봐줄 목자가 없이는 살 수 없는 존재이다. 성경은 인간을
그런 양에 비유한다. 인간은 하나님의 돌보심 없이는 살 수
없는 피조물이기 때문이다.

> 내 안에 거하라 나도 너희 안에 거하리라 가지가 포도나무에
> 붙어 있지 아니하면 스스로 열매를 맺을 수 없음같이 너희도
> 내 안에 있지 아니하면 그러하리라 요 15:4

요한복음은 인간이 스스로 열매를 맺을 수 없는 존재라
고 말씀한다. 타락한 우리는 하나님이 기뻐하시는 열매들
을 스스로 맺을 수 없다. 하나님의 돌보심이 없는 타락한
인간은 무능한 존재이다. 아무리 열심을 내어도 하나님을
통과하지 않은 열심은 헛된 것이다. 아무리 유능한 사람 같
아 보여도 하나님을 의지하고 있지 않다면 철저하게 무능
한 존재이다.

사람에게 필요한 것이 있다면 그것은 돌봄이다. 우리는
능력이 필요한 것이 아니라 하나님의 돌봄이 필요하다. 그
돌봄 덕분에 바닷물은 모래의 경계선을 넘어오지 않고 거대
한 행성은 줄로 매지 않아도 하늘에 매달려 있다. 그 돌봄
이 있어서 아침 다음에는 반드시 저녁이 오고, 봄이 되면 새

싹들이 얼굴을 내밀고 땅 밖으로 나온다. 그래서 하나님 안에 거하여 그분의 돌보심 안에서 살아가는 것이 우리의 실력이고 능력이다.

> 여러분의 시인 가운데 어떤 이들도 '우리도 하나님의 자녀이다' 하고 말한 바와 같이, 우리는 하나님 안에서 살고, 움직이고, 존재하고 있습니다. 행 17:28 새번역

기도는 돌보심의 통로이다

옛날 한 수도사가 올리브 묘목을 심고 "주님! 이 연약한 뿌리가 마시고 자랄 수 있는 비가 필요합니다. 단비를 주시옵소서"라고 기도했다. 주님은 단비를 주셨다. 그 수도사는 또 기도했다. "주여, 이제 태양이 필요합니다." 그러자 검은 구름을 몰아버리고 해가 나왔다. 수도사는 이번에는 "오 주님! 이 나무를 단단히 하기 위해서는 서리가 필요합니다"라고 기도했다. 그랬더니 그 작은 나무에는 서리가 앉아 반짝거렸다. 그런데 저녁에 그 나무는 죽어버렸다.

그 수도사가 동료 수도사를 찾아가 그의 경험을 털어놓자 동료 수도사는 "나도 역시 작은 나무 한 그루를 마당에 심어 키우고 있습니다" 하고 마당에서 자라고 있는 작은 나

무 한 그루를 보여주며 말을 이었다.

"그런데 보십시오! 잘 자랍니다. 나는 이 나무를 창조하신 하나님께 맡깁니다. 하나님은 그것이 필요로 하는 것을 나 같은 사람보다 더 잘 알고 계십니다. 그래서 저는 다만 '주여, 강풍이든, 햇빛이든, 바람이든, 서리든 주께서 때를 따라 주시옵소서'라고 기도할 뿐입니다."

우리의 계획으로 우리를 돌볼 수 없고, 다른 사람의 돌봄으로 우리 삶이 안전할 수 없다. 우리에게 완벽한 돌봄은 우리를 창조하신 하나님의 돌보심이다. 자동차를 타고 다니는 사람보다 자동차를 만든 사람이 자동차를 더 잘 안다. 시계를 착용한 사람보다 시계를 만든 사람이 시계를 잘 고칠 수 있다. 하나님은 우리를 창조하셨다. 무엇이 필요한지부터 우리의 모든 것을 다 알고 계신다. 하나님의 돌보심은 완벽하다.

하나님의 어리석음이 사람보다 지혜롭고 하나님의 약하심이 사람보다 강하니라 고전 1:25

우리를 향한 주님의 돌봄은 그분을 향한 기도를 통하여 이루어진다.

이에 그들이 그들의 고통 때문에 여호와께 부르짖으매 그가
그들의 고통에서 그들을 구원하시되 시 107:19

사사기에는 이스라엘 백성들의 삶에 죄-압제-간구-구
원-망각으로 이어지는 5가지 패턴이 반복된다. 사사기만
보아도 알 수 있다. 이스라엘 백성들이 그들의 삶을 다시 회
복하기 위해 필요한 것은 간구였다. 기도였다. 기도를 통해
이스라엘 백성들은 그들의 삶을 다시 세울 수 있었다. 기도
는 우리의 삶을 세우는 하나님의 강력한 선물이며, 그래서
돌봄이 필요한 우리에게 가장 필요한 것은 기도이다.

타협하고 양보할 수 없는 기도의 시간

아침이면 우리집은 전쟁터가 된다. 초등학생 남자아이
세 명과 씨름하는 것은 쉬운 일은 아니다. 책가방 정리, 옷
입기, 방 정리, 아침 먹기 등 엄마 한 사람이 감당해야 하는
몫은 너무 크다.

내게는 아내가 이해되지 않는 부분이 있었다. 아이들이
늦게 잠이 든 다음 날 아침에는 가능한 한 많이 잘 수 있도
록 시간을 좀 더 주면 좋을 것 같은데 무조건 일어나야 할
시간에 아이들을 기상시킨다. 아이들은 조금 더 자기 위해

서 모든 방법을 동원하지만, 그렇게 이해심과 배려심이 많은 아내가 그 부분만큼은 절대 타협하지 않는다.

결국 아이들은 등교할 준비를 모두 마친 다음 식탁에 둘러앉아 각자의 큐티책을 가지고 큐티하고 기도를 한다. 학교 가기 전에 반드시 말씀과 기도의 시간을 갖고, 그 이후에야 모든 활동이 시작된다.

아이들이 바쁜 아침이지만 하나님께 기도하는 이 시간을 절대 타협하고 양보할 수 없는 것은 학교가 아이들을 살리는 것이 아니라 하나님께서 아이들의 모든 삶을 책임지시고 돌보시는 분이기 때문이다.

기도는 우리를 세상에서 건져주는 구명조끼와도 같다. 마르틴 루터는 "내가 매일 새벽 두 시간을 기도로 보내지 않는다면 그날의 승리는 마귀에게로 돌아갈 것이다. 나는 할 일이 너무 많기 때문에 매일 세 시간 기도하지 않고는 일어날 수가 없다"라고 할 만큼 기도의 가치를 알고 살아갔다.

하나님은 기도를 통해 우리의 필요를 아시고, 우리를 돌보신다. 그러므로 다른 것은 몰라도 기도의 시간은 결코 낭비가 아니다. 기도는 삶을 소비하거나 삶을 탕진하는 시간이 아니라 삶을 저축하는 시간이다. 하나님은 최고의 순간에 가장 귀한 순간으로 다시 돌려주신다.

기도는 성도의 정체성이다

군 복무 시절에 만난 이들 중에 귀가 접혀 있는 고참이 한 명 있었다. 왜 그런지 알고 보니 그는 레슬링 선수 출신이었다. 레슬링 선수의 증거가 외적 모습으로 드러나 있었다. 마찬가지로 성도라면 분명한 증거가 따라온다. 단지 교회에 다니는 것이나 교회에서 무엇을 섬기고 있는 것이 성도의 증거가 되지는 못한다. 교회 안에 있다고 해서, 교회에서 예배 드린다고 해서 그것만으로 내가 그리스도인이라고 착각해서는 안 된다.

학교에 다니지만 공부하지 않는 사람을 학생이라고 할 수 있는가? 학교에 다니고 있으니 학생은 학생이다. 그러나 학생의 본분을 외면하고 살아간다면 학생답다는 소리는 듣기 힘들다. 기도도 그러하다. 교회를 다니고 있지만 전혀 기도하지 않고 있다면 그를 정말 그리스도인이라 할 수 있을까? 기도의 삶과 동떨어진 삶은 "그리스도인답다"라는 말은 듣기 힘들 것이다. 기도와 성도다움은 긴밀하게 연결되어 있기 때문이다.

그리스도인은 기도를 통해서 믿음의 참 증거를 내어놓게 된다. 기도와 믿음은 언제나 함께 간다. 믿음이 있는 자는 반드시 기도할 수밖에 없기에 기도와 믿음은 쌍둥이라고 할 수 있다.

서울의 이태원에 가면 이슬람사원 모스크가 있다. 이곳에 많은 관광객이 방문하는데 관광객과 진짜 이슬람 신자는 어떻게 구분할까? 하루에 5번의 짧은 예배가 있는데 누가 이슬람 신자이고 누가 관광객인지 그때 알 수 있다. 아무리 바빠도 그 자리에 와서 모스크를 향하여 기도하는 사람이 이슬람 신자이다. 그들도 기도를 통해 자신들이 알라신을 믿는다는 것을 증명하고 있다.

진짜 그리스도인도 기도의 자리에서 증명된다. 하나님을 향한 기도는 그리스도인의 강력한 증거이다. 기도를 통해서 내가 진짜 믿고 있는 것이 무엇인지 증명된다. 이런 의미에서 보면 기도는 그리스도인의 정체성이다. 그래서 "나는 크리스천인가?"와 동일한 질문은 "나는 기도의 자리가 있는가?"라는 질문이다. 우리는 기도를 통해 하나님의 말씀을 듣고, 그분과 만나고, 그분의 손길을 느낀다.

시편 기자는 이렇게 고백한다.

여호와께서 내 음성과 내 간구를 들으시므로 내가 그를 사랑하는도다 그의 귀를 내게 기울이셨으므로 내가 평생에 기도하리로다 시 116:1,2

기도는 하나님을 진정으로 사랑하는 자의 외적 표현이

다. 기도는 하나님과의 사귐의 증거이다. 사귐의 시간이 없다면 우리는 하나님과 어떤 관계일까? 그리스도인이라면 기도의 자리까지 나아가야 한다. 이것이 진짜 성도의 증거이다.

불신자는 하나님께 기도하지 않는다

예수님을 믿지 않는 사람의 가장 큰 특징은 하나님께 기도하지 않는 것이다.

> 죄악을 행하는 자는 다 무지하냐 그들이 떡 먹듯이 내 백성을 먹으면서 여호와를 부르지 아니하는도다 시 14:4

하나님의 존재를 부인하기 때문에 기도도 부인하는 것이다. 그러므로 기도하지 않는 그리스도인은 하나님을 믿지 않는 존재라고 보아야 한다. 하나님은 기도를 부탁하신 것이 아니다. 명령하셨다. 기도하지 않는 사람은 불신자의 모습과 다름없다. 교회는 다니고 있지만 실제로는 불신자처럼 살아가는 사람을 두고 '실존적 무신론자'라고 한다. 기도가 없는 삶은 그리스도인에게 있어서 신앙에 적신호가 켜진 것이다.

그리스도인의 삶은 기도의 삶과 분리될 수 없다. 그리스도인은 기도하는 사람이고, 기도의 사람은 그리스도인이다. 성경에 기록된 믿음의 선배들은 기도의 사람들이었다. 믿음의 조상 아브라함도 기도의 사람으로 하나님께 기도의 삶을 살았다. 광야에서 하나님의 백성을 이끌었던 모세도 기도의 사람이었다. 요셉, 다윗, 다니엘, 느헤미야 등 믿음의 사람들은 모두 기도의 사람들이었다.

기도 없이는 결코 그리스도인답게 살아갈 수 없다. 기도 없이 종교인으로서 살아갈 수는 있지만, 신실한 신앙인으로 살아갈 수 없다. 기도하지 않는 그리스도인의 삶은 그 자체로 모순이다. 기도하기를 멈추는 것은 예수님을 닮아가는 것을 멈춘 것이다. 제자로서의 길을 멈춘 것이다.

기도하지 않고 살아가는 삶은 하나님의 돌보심을 거부한 채 살아가는 것이다. 모든 인간은 하나님의 도움을 힘입어 살아가야만 하는 존재로 지음을 받았다. 자신의 능력으로 살 수 있을 것이라는 착각에 빠진 사람은 절대로 기도할 수 없다. 기도하지 않고 살아간다면 가장 교만한 사람이라 할 수 있다. 찰스 스펄전(Charles Haddon Spurgeon) 목사님은 "기도하지 않고 성공했다면, 성공한 그것 때문에 망한다"라고 경고했다.

기도하지 않고 살아가는 자는 특별한 신을 모시고 살아

가는 사람이다. 어떤 신을 모시고 살아가는 자인가? '자기 자신'을 섬기며 살아가는 존재이다. 성도에게도 우상 숭배가 있는데 가장 심각한 우상이 '자기 자신'이다. 내 스펙, 내 건강, 내 힘으로 모든 것을 이루며 살아가는 사람들이다. 기도하지 않는 것은 영혼의 중병에 걸린 것이다. 믿음의 중병에 걸린 것이다. 기도를 통하여 그리스도인답게 살아가는 자가 되길 소망한다.

야외 광야 기도

코로나로 예배당의 문이 닫힌 날이 있었다. 교회로서 결코 쉬운 결정은 아니었다. 현장에서 예배를 드릴 수 없다는 충격에 많은 성도가 울고 또 울며 가슴앓이를 했다. 온라인으로 예배를 드리며 더욱 예배자가 되기 위해 발버둥쳤다. 그때 온라인으로 3주 동안 '특별하게 사는 힘'이라는 주제로 연말연초 특별새벽기도회를 시작하게 되었다.

연말연초 특별새벽기도회는 교회 모든 세대가 기다리는 집회였다. 어린아이들이 새벽에 부모를 깨워서 왔다. 아이들이 강대상 가까이서 말씀을 듣고자 강단 위를 가득 채웠다. 아침마다 교복 입은 청소년들과 넥타이를 한 직장인들까지 예배당으로 달려왔다. 이른 새벽 교회로 향하는 차량의 행렬을 보면 입이 떡 벌어지곤 했다. 어린아이부터 청년, 장년, 모든 세대가 교회로 들어오기 위해 달려오느라 교회 일대의 교통이 마비될 정도였다.

그런데 이 모든 은혜의 순간들을 뒤로하고 집에서 온라인을 통해 개인적으로 예배를 드려야 하니 얼마나 속상했는지 모른다. 너무 아쉽고 안타까워서, 특새를 두고 늘 기도하던 기도국 멤버들과 함께 특별한 계획을 세웠다. 기도회 시작 전에 교회 앞 야외 공영 주차장에 모여 교회를 향하여 기도하고, 기도회도 그곳에서 끝까지 참여하기로 한 것이다.

'추운 겨울에 야외에서 모이는 것이 쉬운 일은 아닌데 기도국 성도들이 얼마나 올 수 있을까?' 했는데 놀라운 일이 벌어졌다. 기도국 멤버를 중심으로 모이기 시작했는데 차량들이 계속 몰려오기 시작했다. 야외 주차장에서 기도한다는

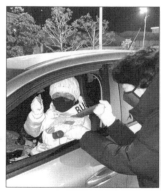 

소문을 들은 성도들이 하나둘 합류하기 시작한 것이었다.

교회 앞 공영 주차장을 가득 채우고도 자리가 모자라서 결국 교회 안 지하 주차장으로 차량을 안내해야 했다. 기도하러 교회 주차장으로 들어가는 차량마다 기도의 바통을 하나씩 건네주었다. 기도가 끊어지면 안 된다는 무언의 외침이었다. 바통을 주며 "당신은 하나님의 기도 주자(走者)입니다!"라고 이야기했다.

교회 주차장 안으로 들어간 성도들은 차 안에서 온라인으로 예배를 드리고 기도하고 나서 집으로 돌아갔다. 야외 주차장에서는 교회를 바라보고 주차한 뒤 차량 밖으로 나와서 말씀이 시작되기 전까지 예배당을 향하여 두 손을 들고 기도했다. 부산은 눈 오는 날이 드문데 하루는 눈이 많이 내렸다. 그런데도 성도들은 눈을 맞으며 기도를 쉬지 않고 계속했다. 환경에 지지 않고, 성도로서 기도의 자리를 지켰다.

담임 목사님은 3주 동안 홀로 예배당 안에서 말씀을 선포하셨지만 결코 혼자가 아니었다. 각 가정에서도 함께했고, 특히 교회 지하와 야외 주차장으로 달려온 성도들은 두 손을 들고 하나님을 향하여 인생에 있어서 가장 뜨거운 기도를 드렸다. 지금까지 드린 기도의 함성과 달랐다. 기도의 눈물도 이전과 분명 달랐다.

　그때 부모님을 따라 야외에서 눈을 맞으며 기도한 다음 세대들의 눈빛을 잊을 수 없다. 3주 동안 부어주신 특별새벽기도회의 은혜는 지금도 잊을 수 없다. 기도의 현장에 서 있었던 그들은 하나님이 찾으시는 예배자요 기도자요 진짜 성도들이었다.

CHAPTER

05
그리스도인의
시선은
힘이
세다

히브리서 12장 1,2절

1 이러므로 우리에게 구름같이 둘러싼 허다한 증인들이 있으니 모든 무거운 것과 얽매이기 쉬운 죄를 벗어버리고 인내로써 우리 앞에 당한 경주를 하며 2 믿음의 주요 또 온전하게 하시는 이인 예수를 바라보자 그는 그 앞에 있는 기쁨을 위하여 십자가를 참으사 부끄러움을 개의치 아니하시더니 하나님 보좌 우편에 앉으셨느니라

인생은 보는 전쟁이다

군 복무 시절, 부대 안에는 헬기 레펠 훈련을 하기 위한 헬기 모형이 있었다. 이등병 때 처음으로 그 헬기 모형에 올라가 레펠 훈련을 받으려고 하는데 온몸이 떨렸다. 사람이 가장 공포를 느낀다는 11미터 높이에서 뛰어내리기란 쉬운 일이 아니었다.

까마득한 아래를 바라보며 떨고 있을 때, 고참이 땅을 향해 있는 나의 시선을 옮겨 자신의 눈을 쳐다보고 집중하게 했다. 그리고 모형 헬기에서 떨어지기 직전에는 하늘의 한 지점을 향하게 하고 힘차게 소리치며 뛰어내리게 했다. 시선만 바꾸었을 뿐인데 놀랍게도 두려움이 사라지고 마음에 평안이 찾아오는 것을 느꼈다.

시선은 만만하게 볼 것이 아니다. 시선에는 우리가 생각하는 것보다 더 큰 힘과 능력이 있다. 사물을 보는 눈은 다른 신체 부위보다 작지만 이 작은 눈은 우리 몸 전체를 끌고 가는 힘을 가지고 있다.

세상은 어떻게든 사람들의 시선을 빼앗으려고 한다. 인터넷 머리기사, 신문의 자극적인 사진 한 컷, TV 광고나 우리 주변의 광고 간판 등이 매우 짧은 순간에도 사람의 시선을 빼앗으려 한다. 늦은 밤 TV에서 김이 모락모락 나는 라면 광고를 보면 갑자기 배가 고파지고 라면이 당긴다. 늘씬한 모델들이 입은 옷을 보면 내 몸에도 잘 어울릴 것 같아 그 옷을 사고 싶어진다. 시선이 끌리면 쉽게 유혹에 빠진다.

시선이 멈추었다는 것은 마음도 멈추었다는 것이다. 길을 가다 꽃 앞에서 걸음이 멈추었다는 것은 그 꽃에 마음이 멈추었다는 것이다. 해맑게 웃는 아기에게 시선이 멈추었다면 그 아이의 웃음에 마음을 빼앗긴 것이다. 그런데 시선은 마음까지만 빼앗아 가는 것이 아니라 삶까지 빼앗아 간다.

보는 것은 자유지만, 보는 것 때문에 인생이 달라진다. 이동영 작가는 《문장의 위로》(부크크, 2017)라는 책에서 "내 눈에 자주 띄는 것이 내 시간으로 채워지고 내 정신이 되며 내 동선이 되고 내 삶이 된다"라고 시선의 힘에 관해 이야기하며 "그것이 나를 만드는 '환경'이다"라고 짚었다.

시선이 결국 내 삶이 된다. 무엇이 당신의 시선을 사로잡고 있는가? 당신은 당신의 시선을 무엇에 노출시키고 있는가? 시선만 빼앗으면 모든 것을 빼앗는 것이기 때문에 세상은 그렇게도 우리의 시선을 빼앗으려 하는 것이다.

시선을 흔드는 마귀의 전략

시선에 실패하면 삶은 무너지게 되므로 시선의 실패는 인생의 실패가 된다. 삶의 탈선은 시선 이탈에서 시작된다. 온 인류가 어떻게 무너지게 되었는가?

여자가 그 나무를 본즉 먹음직도 하고 보암직도 하고 지혜롭게 할 만큼 탐스럽기도 한 나무인지라 여자가 그 열매를 따먹고 자기와 함께 있는 남편에게도 주매 그도 먹은지라 **창 3:6**

하와는 시선 때문에 발걸음이 멈추었고 마음이 멈추었다. 시선 때문에 손길이 그곳에 머물렀고 불순종이 시작되었다. 인류의 재앙은 시선에서 시작되었다. 시선이 머문 곳에 마음이 머물고, 마음이 머물면 삶이 머물기 때문이다. 성경은 끊임없이 시선을 강조하는데, 아담과 하와로부터 시작된 인류의 타락은 인간의 시선에서 비롯되어 번져갔다.

하나님의 아들들이 사람의 딸들의 아름다움을 보고 자기들이 좋아하는 모든 여자를 아내로 삼는지라 창 6:2

물 위를 걸으며 하나님의 놀라운 기적을 경험하던 베드로도 시선 때문에 물아래로 빠져 가게 되었다.

바람을 보고 무서워 빠져 가는지라 소리 질러 이르되 주여 나를 구원하소서 하니 마 14:30

믿음의 조상 아브라함과 조카 롯은 갈대아 우르를 함께 떠났으나 소유물들이 많아져 헤어져야 할 때가 왔다. 그때 조카 롯의 삶을 결정한 것은 무엇인가? 시선이었다. 시선 때문에 그의 삶은 결국 무너지고 말았다.

이에 롯이 눈을 들어 요단 지역을 바라본즉 소알까지 온 땅에 물이 넉넉하니 여호와께서 소돔과 고모라를 멸하시기 전이었으므로 여호와의 동산 같고 애굽 땅과 같았더라 그러므로 롯이 요단 온 지역을 택하고 동으로 옮기니 그들이 서로 떠난지라 창 13:10,11

마귀의 전략은 분명하다. 선악과 사건 때도 시선으로 아담과 하와를 유혹했듯이 지금도 마귀는 우리의 시선을 사로잡으려 하고, 언제나 절망할 수밖에 없는 상태를 보게 하여 우리 삶을 흔든다. "네 가정을 봐! 네 자녀를 봐! 네 능력의 한계를 봐라!"라며 우리가 가진 문제가 얼마나 큰지, 우리 능력이 얼마나 보잘것없는지를 보게 한다. 그것을 보고 거기 마음이 멈추는 순간, 두려움으로 좌절하고 낙망해서 무너지게 되므로 그때 시선을 잘 관리해야 한다.

아뢰며 아뢰었더니

힘들고 어려운 시대이다. 그러나 고난이 우리를 향한 하나님의 최종 목적지가 아니기에 고통과 고난 때문에 주님을 오해하지 않았으면 좋겠다. 하나님의 목적은 고통을 주는 데 있지 않다. 아이들에게 주사를 놓는 목적이 고통을 주거나 따끔하게 버릇을 고치기 위해서가 아니라 아이를 건강하게 하려는 것이듯, 하나님은 고통과 고난의 삶을 통해서도 우리를 성장시키며 빚어가시고, 이 시간을 통과하며 이길 힘을 주신다.

"다윗의 승전가"라는 표제가 붙은 사무엘하 22장의 시에는 "사망의 물결", "불의의 창수", "스올의 줄", "사망의 올무" 등 도무지 승전가와는 어울리지 않는 표현들이 들어 있다.

> 사망의 물결이 나를 에우고 불의의 창수가 나를 두렵게 하였
> 으며 스올의 줄이 나를 두르고 사망의 올무가 내게 이르렀도
> 다 삼하 22:5,6

성도의 삶이 그렇듯 다윗의 삶은 고난을 면제받은 삶이
아니었다. 이런 삶이 어떻게 승리자의 삶이라 할 수 있을까
싶을 만큼 다윗의 일생은 굴곡이 매우 가파르고 아픔과 슬
픔의 눈물이 흐르는 삶이었다.

기름 부음 받은 후부터 다윗은 그를 죽이려는 자들을 피
해 도망 다니며 숨소리조차 죽이고 살았다. 그런데 그가 숨
기지 않은 소리가 있었다. 바로 기도의 소리였다. 다윗은 새
벽을 깨워 기도하는 기도의 사람이었다. 사망의 파도가 휘
몰아치는 위기에 기도의 사람 다윗이 택한 돌파구는 하나님
께 아뢰는 것이었다.

> 내가 환난 중에서 여호와께 아뢰며 나의 하나님께 아뢰었더
> 니 그가 그의 성전에서 내 소리를 들으심이여 나의 부르짖음
> 이 그의 귀에 들렸도다 삼하 22:7

왕권이나 인맥, 자신의 능력과 방법이 돌파구가 아니었
다. 고난이 찾아올 때마다 다윗은 하나님을 찾아갔다. 기

도한다는 것은 하나님을 선택하는 것이다. 자신의 방법이 아니라 하나님의 방법을 선택하는 것이다. 기도가 하나님을 선택하는 행위라면 기도보다 위대한 방법은 없다. 기도보다 앞선 방법도, 더 완벽한 방법도 없다.

다윗은 "여호와께 아뢰며… 나의 하나님께 아뢰었더니"라고 반복해 말한다. "주님이 대안입니다. 주님만이 대안입니다!"라는 외침이다. 우리도 고난이 찾아오면 고난을 맞이해 넋 놓고 고난을 바라볼 것이 아니라 시선을 돌려 하나님을 향하고 하나님을 찾아가 그분께 아뢰어야 한다. 그것이 기도이다.

시선의 변화로 바통터치가 이루어진다

다윗이 아뢰며 아뢰었더니 어떤 일이 일어났는가? 그 부르짖음이 하나님의 귀에 들리고 그분이 들으셨다. 다윗이 하나님께 기도한 모습이 등장한 것은 7절 한 절인데, 이후 8절부터 17절 상반절에 이르기까지 그가 등장할 틈이 없다.

이에 땅이 진동하고 떨며 하늘의 기초가 요동하고 흔들렸으니 그의 진노로 말미암음이로다 그의 코에서 연기가 오르고 입에서 불이 나와 사름이여 그 불에 숯이 피었도다 … 그가

위에서 손을 내미사 나를 붙드심이여 많은 물에서 나를 건져
내셨도다 삼하 22:8,9,17

다윗의 부르짖음을 듣고 하나님이 등장하시면서 화면의
주인공이 바뀌더니 다윗을 위하여 움직이시는 하나님의 모
습이 한 절도 빠짐없이 세밀하게 그려진다. 브레이크가 고
장나 멈출 수 없는 열차처럼, 다윗을 향한 하나님의 열심은
멈추지 않았다. 사망의 물결이 에우고 불의의 창수가 두렵
게 했던(5절) 다윗을 하나님께서 건져내셨다(17절).

기도가 시작되면 전투의 당사자가 바뀐다. 나와 원수의
싸움에서 하나님과 원수의 싸움으로 바뀐다. 그래서 기도
는 선수가 우리에서 하나님으로 바뀌는 바통터치와도 같
다. 고난과 상황을 바라보던 내가 시선을 돌려 하나님께
아뢰기 시작하면 하나님께서 바통을 이어받아 일하기 시작
하신다.

시편 150편 중에 다윗이 기록한 시편이 73편이나 된다.
왕이 되기 전에도 된 후에도 많은 고난과 아픔을 겪었지만
다윗은 고난을 노래하며 살지 않고 주님을 찬양하며 살았
다. 그 원동력은 무엇일까? 고난의 삶 뒤에 기도의 삶이 있
었다. 기도를 통해 고난의 삶을 통과하며 하나님이 어떤 분
이신가를 경험한 다윗은 마침내 위대한 신앙고백을 한다.

여호와는 나의 반석이시요 나의 요새시요 나를 위하여 나를
건지시는 자시요 내가 피할 나의 반석의 하나님이시요 나의
방패시요 나의 구원의 뿔이시요 나의 높은 망대시요 그에게
피할 나의 피난처시요 나의 구원자시라 나를 폭력에서 구원
하셨도다 **삼하 22:2,3**

이렇게 풍성한 하나님을 표현한 믿음의 사람이 있을까?
하나님을 바라보고 기도로 하나님을 움직이시게 한 그의
삶은 부도난 인생이 아니라 흘러넘치는 인생이 되었다. 우
리의 삶에도 위기가 있고 바닥을 칠 때가 있다. 그러나 기도
의 엔진을 장착한 성도의 종착역은 '고통'이 아니다. 기도의
삶으로 인하여 인생의 끝 지점은 축제의 삶, 찬양의 삶이 될
것이다.

기도가 시선을 바꾼다

우리집 막내는 잘 때 땀을 많이 흘려서 밤에 깨어 물을
많이 마시곤 한다. 그런데 물을 마시러 나가려니 캄캄한 거
실을 지나가는 것이 일곱 살 아이에게는 만만치 않은 일이
었다.

그러다 아이가 자신 있게 어둠을 뚫고 물을 마시러 거실

로 나갈 방법을 찾았는데, 방문을 열고 "아빠, 나 보고 있어"라고 말한 다음 뒷걸음질을 치며 냉장고 쪽으로 가는 것이다. 어둠에 눈길을 빼앗겨 한 발짝도 가지 못하던 아이는 뒤돌아 아빠를 보며 발걸음을 옮겨갔고, 아빠를 보면서 결국 물이 있는 곳까지 갈 수 있었다.

달리 바뀐 것은 없다. 여전히 주변은 어둡고 캄캄하다. 단 하나, 시선이 바뀌었을 뿐이다. 막내의 시선이 어둠에서 아빠로 옮겨져서 아빠를 보니 어둠을 이길 수 있게 되었다. 시선이 바뀐 덕분에 아이는 두려움을 뚫고 지나간다. 자신의 한계를 넘어 살아간다. 시선의 변화는 이렇게 우리 삶까지도 달라지게 만든다.

우리의 영원한 모델이신 예수님은 죄와 사망의 종으로 살던 온 인류를 십자가로 구원하셨다. 100퍼센트 인간의 몸으로 이 땅에 오신 예수님이 어떻게 저주의 십자가를 질 수 있으셨을까? 겟세마네 동산에서 간절히 기도하시던 주님을 기억해보라. 우리를 대신하여 저주받은 십자가에 달리시기전, 주님은 겟세마네에서 기도의 사투를 벌이셨다.

이르시되 아빠 아버지여 아버지께는 모든 것이 가능하오니 이 잔을 내게서 옮기시옵소서 그러나 나의 원대로 마시옵고 아버지의 원대로 하옵소서 하시고 막 14:36

"나의 원대로 마옵시고 아버지의 원대로 하옵소서."

주님이 바라보시는 곳은 분명했다. 예수님의 시선은 하나님께 고정되어 있었고, 하나님을 바라보는 시선에서 비롯된 힘으로 십자가의 길을 갈 수 있었고, 십자가에서 최후 승리를 이루실 수 있었다.

그러면 예수님은 어떻게 시선을 자신에게서 하나님께 집중시킬 수 있으셨을까? 바로 기도였다. 기도는 시선을 하나님께 향함으로 시작되고, 그 시선이 계속 하나님께 고정되도록 한다. 바른 기도는 언제나 우리의 시선을 하나님께 향하도록 한다. 내 문제에서 문제의 정답이신 하나님을 향하도록, 나의 원함에서 하나님의 원함을 향하도록.

세상을 살아갈 성도의 힘

리디머 장로교회를 담임하셨던 팀 켈러(Timothy J. Keller) 목사님이 췌장암 진단을 받고 기도 제목을 몇 가지 올렸다. 그리고 "예수께서 나를 위해 기쁨으로 십자가를 참으신 것처럼 기쁨으로 우리 앞에 당한 경주에 임하겠습니다"라며 마지막에 히브리서 12장 말씀을 함께 올렸다.

이러므로 우리에게 구름같이 둘러싼 허다한 증인들이 있으니

모든 무거운 것과 얽매이기 쉬운 죄를 벗어버리고 인내로써
우리 앞에 당한 경주를 하며 믿음의 주요 또 온전하게 하시는
이인 예수를 바라보자… 히 12:1,2

그는 이후 SNS를 통해 투병 근황을 알리며 "저는 췌장암
4기이지만 저보다 한없이 더 지혜로우시며 사랑이 많으신
하나님께서 계시다는 것이 끝없이 위로가 됩니다 … 그분께
서 하시는 모든 일에는 충분한 이유가 있고, 제가 알 수 없
는 것을 허용하시며, 그곳에 저의 희망과 힘이 있습니다"라
고 말하기도 했다.

팀 켈러 목사님은 암을 보는 것이 아니라 주님을 바라보
는 시선을 가지고 있었다. 그래서 세상 사람들과 똑같이 암
때문에 두려움과 낙망으로 살아가는 것이 아니라 성도로서
주님의 복음적 삶을 살아갔다. 시선의 힘이다. 시선의 힘이
세상을 살아갈 힘이다. 그러므로 믿음의 사람들에게는 다
른 무엇보다도 하나님 아버지를 보는 시선이 필요하다. 이
것이 믿음 생활의 중요한 핵심이다.

이 장의 서두에서 보는 것이 내 삶을 만들어간다고 했다.
보는 것은 자유지만, 보는 것 때문에 인생이 달라지는 것을
기억해야 한다. 그래서 우리는 시선이 끌리는 대로 보면서
살아서는 안 된다. 시선의 방향을 스스로 선택해야 한다.

고난과 어둠에 꽂혀 있던 시선을 하나님께 돌림으로써 기도를 시작하고, 기도로써 그 시선을 계속 하나님께 고정시켜야 한다.

기도의 시작은 승리의 시작이다. 기도가 시작되는 순간 우리의 시선은 하나님을 향하게 되어 결국 우리의 뜻이 아니라 하나님의 뜻에 순종할 수 있게 된다. 시선이 바뀌면 마음이 바뀌고 마음이 바뀌면 삶이 바뀐다. 그러므로 고난 중이라 할지라도 기도가 시작되었다면 승리도 시작된 것이다. 기도 소리가 터져나왔다면 이제 기쁨의 삶이 시작될 것이다. 기도는 축제를 알리는 신호탄이며 또한 승전가를 향한 마중물이기 때문이다.

CHAPTER 06

행복을
위해
기도하고
있는가

요한복음 17장 17-22절

17 그들을 진리로 거룩하게 하옵소서 아버지의 말씀은 진리니이다 18 아버지께서 나를 세상에 보내신 것같이 나도 그들을 세상에 보내었고 19 또 그들을 위하여 내가 나를 거룩하게 하오니 이는 그들도 진리로 거룩함을 얻게 하려 함이니이다 20 내가 비옵는 것은 이 사람들만 위함이 아니요 또 그들의 말로 말미암아 나를 믿는 사람들도 위함이니 21 아버지여, 아버지께서 내 안에, 내가 아버지 안에 있는 것같이 그들도 다 하나가 되어 우리 안에 있게 하사 세상으로 아버지께서 나를 보내신 것을 믿게 하옵소서 22 내게 주신 영광을 내가 그들에게 주었사오니 이는 우리가 하나가 된 것같이 그들도 하나가 되게 하려 함이니이다

마지막 강의, 마지막 기도

랜디 포시(Randolph Frederick Pausch)는 미국 펜실베이니아주 카네기멜론대学의 컴퓨터과학 교수였다. 그는 2006년 췌장암에 걸려 절제 수술을 받았으나 이듬해 8월에 암이 재발했고, 의사는 건강하게 지낼 수 있는 날이 3-6개월밖에 남지 않았다고 진단했다. 한 달 뒤인 9월 18일, 랜디 포시 교수는 카네기멜론대 강의실에서 '어린 시절의 꿈을 이루는 방법'(Achieving Your Childhood Dreams)이라는 제목으로 한 편의 드라마 같은 마지막 강의를 한다.

이 마지막 강의에는 비밀이 있었다. 그의 마지막 강의를 들으려 모여든 사람들을 위한 강의가 아니라 아버지 없이 살아갈 자기 자녀들에게 남기는 메시지였다. 큰아이 딜런은

여섯 살이었고 그 밑으로 세 살 로건과 18개월 클로이가 있었다. 그는 아이들이 아버지의 마지막 강의를 보면서 자라기를 원했다. 아이들에게 남기는 마지막 메시지는 자녀들이 평생 기억해야 할 아버지의 유언과도 같은 가르침이었다.

예수님의 제자들에게도 평생 기억해야 할 메시지가 있었다. 예수님도 십자가 사건을 앞에 두고 제자들에게 말씀하셨다. 이제 그분 없이 이 땅에 남겨질 제자들을 생각하며 예수님은 제자들을 위해 '기도'를 선택하셨다.

예수님이 십자가를 지시기 전, 마지막으로 드린 기도는 겟세마네의 기도(마태복음 26장; 마가복음 14장; 누가복음 22장)인데 요한복음에서는 이 겟세마네 기도를 생략하고, 예수님의 고별 기도를 기록하였다. 요한복음 17장에 기록된 예수님의 마지막 기도에는 제자들을 향한 예수님의 간절한 소망이 들어 있다.

성경에서 이 기도의 위치를 볼 필요가 있다. 제자들을 위해 이 기도를 하셨을 때는 십자가 지시기 전날 밤이기도 하지만, 유다가 예수님을 팔아넘기기 직전이며 주님을 위해 죽겠다던 베드로가 예수님을 본격적으로 부인하고 저주하기 전이기도 하다. 믿었던 제자들이 배신자로 변할 것을 다 알고 계셨지만 그래도 주님은 변함이 없으셨다.

우리는 때로 하나님을 향한 믿음이 흔들리기도 하지만

우리를 향한 하나님의 믿음은 결코 흔들리지 않는다. 주님을 향한 우리의 사랑은 요동칠 때가 있지만 우리를 향한 구주 예수님의 사랑은 결코 요동침이 없다. 예수님은 지금도 하나님의 우편에서 우리를 위해 기도하고 계신다.

> … 그는 하나님 우편에 계신 자요 우리를 위하여 간구하시는 자시니라 **롬 8:34**

우리는 하나님의 열심으로 사는 존재이다. 우리를 향하신 하나님의 열심이 아니면, 우리 삶은 어떤 것으로도 해석할 수 없다. 우리 인생에서 하나님의 열심을 빼면 아무것도 남지 않는다. 주님은 기도가 얼마나 힘이 센지 아셨다. 그래서 제자들을 위해 '기도'를 선택하셨고, 쉼 없이 기도하셨다. 저주의 십자가 위에서도 마지막 남은 호흡을 기도에 사용하셨다. 기도하는 사람은 죽더라도 기도한 기도 제목은 죽지 않는다. 영원하신 하나님이 들으시기에 기도는 반드시 열매를 맺는다. 그래서 안식의 주인이신 주님께서 쉬지 못하시게 하는 것은 단 하나, 기도이다.

제자들을 위한 예수님의 기도 제목

그들을 진리로 거룩하게 하옵소서 … 또 그들을 위하여 내가
나를 거룩하게 하오니 이는 그들도 진리로 거룩함을 얻게 하
려 함이니이다 요 17:17,19

제자들을 향한 예수님의 간절한 기도 제목은 '거룩'이었
다. 조금은 뜻밖일 수 있다. 목자 잃은 양처럼 이 땅에 홀로
남겨질 제자들에게 일용할 양식이 떨어지지 않게, 좋은 동역
자들을 만날 수 있게, 그들이 고난을 이길 힘을 달라고 기
도하는 것이 필요할 것 같은데 예수님은 그렇게 기도하지
않고 오직 거룩을 위해서 기도하셨다. 그 이유는 18절에 기
록되어 있다.

아버지께서 나를 세상에 보내신 것같이 나도 그들을 세상에
보내었고 요 17:18

제자들은 곧 세상에 파송될 자들이었다. 제자들에게 필
요한 것은 분명하다. 길을 가르쳐줄 사람이 아니라 길 되
신 주님이었다. 양식을 채워줄 사람이 아니라 생명의 떡 되
신 주님이 필요했다. 상처를 회복시켜줄 자가 아니라 생명

되신 주님만 있으면 되었다. 즉 제자들은 다른 그 무엇보다 주님과의 동행이 절실한 상황이었다. 그렇다면 주님과의 동행은 어떻게 시작되는가? 거룩에서 시작된다.

> 모든 사람과 더불어 화평함과 거룩함을 따르라 이것이 없이는 아무도 주를 보지 못하리라 히 12:14

거룩은 주님과 동행할 수 있는 유일한 방편이다. 모태신 앙이라고 주님과 동행하는 것이 아니다. 직분을 맡았거나 성경 지식이 많다고 해서 주님과 동행하는 것이 아니다. 주님은 오직 거룩한 자와 동행하신다. 그래서 거룩을 잃는 것은 하나님을 잃는 것이다. 거룩을 포기한다는 것은 주님을 포기한다는 말이다. 하나님을 찾으려면 거룩을 되찾아야 한다. 그때부터 하나님과의 동행이 다시 시작되는 것이다.

어떻게 거룩하여지는가

거룩은 성도의 강력한 능력이 되기에 거룩을 가볍게 여기지 말아야 한다. 주님이 목숨을 거신 것은 다 우리의 거룩 때문이다. 주님이 침 뱉음을 당하신 이유, 옷이 다 벗겨진 이유, 살점이 다 뜯겨 나간 이유, 온몸의 피를 다 쏟으신

이유, 저주의 십자가에 못 박혀 달리신 이유가 무엇인가? 죄인인 우리를 거룩하게 하시기 위해서였다. 그러므로 거룩을 가볍게 여긴다면 그는 주님의 십자가를 가치 없게 여기는 것이다.

하나님과의 동행이 거룩에서 시작된다면 거룩은 어디에서 시작되는 것일까? 거룩은 먼저 "진리의 말씀"에서 시작된다. 17절, 19절에서 "거룩"이라는 단어는 "진리"라는 단어와 함께 있다.

진리로 거룩하게 하옵소서 17절

그들도 진리로 거룩함을 얻게 하려 함이니이다 19절

죄를 지은 이후 인간은 거룩함에서 완전히 떨어져 나왔다. 거룩은 하나님의 속성으로, 교회를 다닌다고 자동으로 생기는 것이 아니다. 거룩은 하나님께만 있는 고유한 성품이므로 거룩은 철저하게 하나님으로부터 찾아야 한다.

요한복음은 태초에 말씀이 계셨고 이 말씀이 곧 하나님이시라고 선포하며 시작한다(요 1:1). 하나님 자체이신 말씀에 접촉될 때, 말씀을 듣고 보고, 말씀과 씨름하고, 말씀에 반응하며 살아낼 때, 말씀을 나눌 때 우리 삶은 거룩으로 물

들어 갈 것이다. 다른 방법은 없다. 헌신이 아니다. 헌금이
아니다. 말씀으로 거룩해진다.

그런데 성경은 우리의 거룩함이 기도를 통해서도 이루어
진다고 이야기한다.

하나님의 말씀과 기도로 거룩하여짐이라 **딤전 4:5**

우리는 결코 스스로 거룩해질 수 없다. 성경은 거룩하게
하시는 자가 있음을 분명하게 말씀하고 있다.

나는 그들을 거룩하게 하는 여호와임이라 **레 21:23**

거룩은 하나님으로부터 시작되는 것이다. 거룩은 하나님
과 연결되고 거룩하신 하나님께 붙어 있어야 한다. 구약을
관통하는 법칙이 있다. 부정의 법칙이다. 정한 것과 부정한
것이 만나면 부정해진다. 부정한 자가 침상에 누우면 그 침
상은 부정해진다. 구약 전체를 관통하는 법칙이었다.

그런데 이 부정의 법칙을 깨뜨려버리신 분이 계시다. 예수
님이다. 부정한 여인이었던 혈루병 여인이 예수님께 접근했
다. 그리고 예수님의 옷자락을 붙잡았다. 부정한 여인과 예
수님의 만남이다. 그런데 예수님이 부정해지지 않고 오히려

혈루병 여인이 예수님께 닿는 순간, 터치되는 순간 변화되었다. 부정함이 정함으로 바뀌었다.

기도는 거룩하신 하나님의 품에 거하는 순간이다. 기도를 통해 우리는 주님께 접붙인 존재가 된다. 기도를 통해서 우리는 주님께 플러그가 꽂히게 된다. 비록 우리가 타락한 죄인이라고 해도 우리는 기도를 통하여 하나님의 거룩한 백성으로 충전된다. 그래서 우리는 기도를 통해서 날마다 거룩하신 주님께 터치되고 또 터치되어야 한다. 기도는 거룩한 신앙의 행위라 할 수 있다. 그래서 우리는 말씀의 삶과 더불어 기도의 삶을 잃어버리면 안 된다. 말씀과 기도의 삶을 잃어버리면 거룩하신 하나님을 잃어버리는 것이다.

행복은 거룩에 따르는 보너스이다

우리 인생의 목적은 분명하다. 주님이 제자들을 위해 마지막으로 기도하신 기도 제목인 거룩이 인생의 목적이 되어야 한다. 건강이나 행복이나 재물이 아니라 거룩을 목표로 삼아야 한다.

성경에 거룩이라는 단어는 466번, 행복이라는 단어는 11번 기록되어 있다. 참 행복은 거룩에서 시작된다. 거룩의 삶을 좇아가다 보면 행복이라는 종착역에 도착할 수 있다. 그러나 세상의 행복을 목적으로 살아가는 자들의 종착역은 행복이 아니다. 엉뚱한 곳에서 행복을 추구하며 살던 사람들의 안타까운 소식을 종종 듣곤 한다.

> 사람이 비록 백 명의 자녀를 낳고 또 장수하여 사는 날이 많을지라도 그의 영혼은 그러한 행복으로 만족하지 못하고 또 그가 안장되지 못하면 나는 이르기를 낙태된 자가 그보다는 낫다 하나니 **전 6:3**

세상 사람들은 소유, 인기, 인맥, 건강 등에서 행복을 찾으려 한다. 그러나 전도서의 말씀처럼, 우리 영혼은 세상의 것으로 행복을 누리도록 창조되지 않았다. 그러한 것들로 행복이 채워진다면 부자, 인기가 많은 사람, 건강한 사람은 자살하지 않았을 것이다.

이제 우리의 관심사가 바뀌어야 한다. 성경에서 주목하고 있는 중요한 주제는 거룩이다. 성경은 거룩함에 관심이 많다. 하나님의 뜻은 우리의 거룩함이다.

> 하나님의 뜻은 이것이니 너희의 거룩함이라 **살전 4:3**

거룩을 추구하는 성도에게 보너스가 있다면 행복이다.

거룩은 진정한 행복의 주인이신 하나님과의 동행을 약속하기 때문이다. 거룩한 인생이 될 때 주님과의 동행이 시작되어 진정으로 가장 부유한 인생이 된다.

나는 영덕 영해라는 시골에서 태어났다. 바닷가가 있는 아름다운 농촌 마을이다. 집에서 땅콩도 재배했는데 땅콩을 수확하다가 놀란 적이 있다. 땅콩의 녹색 줄기를 잡고 힘껏 당겼더니 분명 줄기는 한 줄기였는데 거기에 땅콩 열매가 엄청나게 달려 있었던 것이다. 한 줄기만 잡고 당기면 주렁주렁 달린 열매를 얻을 수 있었다.

거룩만 붙잡으면 하나님께서 주시는 상상할 수 없이 많은 열매가 이렇게 우리 삶에 찾아오게 된다. 그래서 순간의 행복과 쾌락을 위해 거룩을 버리는 자는 어리석은 사람이다. 우리는 거룩을 겨냥해야 한다. 성도의 삶이 하나님 안에서 거룩해질 때 비로소 진정한 행복이 찾아온다.

거룩과 씨름하라

아버지여, 아버지께서 내 안에, 내가 아버지 안에 있는 것같이 그들도 다 하나가 되어 우리 안에 있게 하사 세상으로 아버지께서 나를 보내신 것을 믿게 하옵소서 요 17:21

예수님은 하나님의 모든 자녀가 하나님 안에 거하기를 원하신다. 그것이 성도가 거룩한 하나님의 백성으로 행복하게 살아가는 유일한 길이기 때문이다. 거룩은 하나님과 동행할 수 있는 유일한 조건이다. 그래서 하나님은 우리에게 거룩을 원하신다.

하나님께서 애굽의 노예로 있는 백성들을 출애굽 시키시며 이렇게 말씀하셨다.

> 나는 너희의 하나님이 되려고 너희를 애굽 땅에서 인도하여 낸 여호와라 내가 거룩하니 너희도 거룩할지어다 레 11:45

거룩은 어떠한 상황에 처한 자들에게도 행복을 선물할 수 있기 때문이다. 말씀과 기도를 통하여 주님과 동행만 되면 으르렁거리는 사자 굴에서도 평안을 누릴 수 있다. 넘실대는 홍해 바다 앞에서도 담대할 수 있다. 인간을 두 손 들게 만드는 죽음 앞에 서 있어도 주님과 동행을 누리면 사망은 힘을 잃고 고개를 숙인다. 인생의 목적은 행복이 아니다. '인생의 목적'은 거룩이 되어야 한다. 행복을 인생의 목적으로 삼지 말아야 한다.

한 가지 안타까운 것은 거룩에 관심을 두고 살아가는 성도가 많지 않아 보인다는 것이다. 성도 중에도 거룩을 인생의 목적으로 삼는 것을 두려워하는 사람들이 있다. 세상 사람들과 다르게 살다가 실패할까 봐 걱정되기 때문이다. 그들은 성공하지 못할까 봐 걱정하고, 인정받지 못할까 봐 염려한다.

당신은 어떠한가. 하나님의 자녀가 되었는데도 세상 행복의 노예로 전락하여 세상 기준을 따라 살아가는 것은 아닌가? 영국의 대표적인 청교도 목회자 리처드 백스터(Richard Baxter)는 거룩에 관해 언급하며 "만일 당신 안에 거룩을 향한 처절한 싸움이 없다면 당신은 가짜이다"라고 말한 바 있다. 우리는 행복이 아니라 거룩과 씨름해야 한다.

예수님의 마지막 기도를 통하여 이 땅에서 '어떤 성도'가 되어야 하는지 분명해졌다. 기도의 삶으로 거룩한 성도가 되어 주님과 동행하며 이 땅을 살아가야 한다. 쉬지 말고 기도하며 살아가야 한다. 이 기도를 결코 멈추어서는 안 된다.

PART

3

기도와
능력

CHAPTER

07 절대 죽지 않는 기도가 있다

역대하 6장 15-17절

15 주께서 주의 종 내 아버지 다윗에게 허락하신 말씀을 지키시되 주의 입으로 말씀하신 것을 손으로 이루심이 오늘과 같으니이다 16 이스라엘의 하나님 여호와여 주께서 주의 종 내 아버지 다윗에게 말씀하시기를 네 자손이 그들의 행위를 삼가서 네가 내 앞에서 행한 것같이 내 율법대로 행하기만 하면 네게로부터 나서 이스라엘 왕위에 앉을 사람이 내 앞에서 끊어지지 아니하리라 하셨사오니 이제 다윗을 위하여 그 허락하신 말씀을 지키시옵소서 17 그런즉 이스라엘 하나님 여호와여 원하건대 주는 주의 종 다윗에게 하신 말씀이 확실하게 하옵소서

구하지 않으면 받지 못한다

러시아의 문호 톨스토이는 기독교 신앙이 돋보이는 작품들을 많이 썼다. 그중에 〈사람은 무엇으로 사는가〉(What men live by)라는 제목의 단편소설이 있다. 이 단편을 통해 톨스토이는 자신이 던진 질문에 "사람은 사랑으로 산다"라고 대답한다. 인간은 무엇으로 사는가? 인간을 어떻게 살아갈 수 있는가? 인간은 하나님의 도우심으로 살아가는 존재이다. 하나님께 기대어서야 존재할 수 있는 자들이다. 그래서 하나님은 인간이 하나님께 구하기를 원하신다.

네가 부를 때에는 나 여호와가 응답하겠고 네가 부르짖을 때에는 내가 여기 있다 하리라 사 58:9

언제나 하나님의 구인 요건은 분명하다. 그분은 스펙이 좋은 사람, 돈 많은 사람, 능력 많은 사람, 유명한 사람, 건강한 사람을 찾지 않으신다. 하나님은 구하는 이, 찾는 이, 두드리는 이를 간절하게 찾고 계신다. 하나님의 도우심을 원하는 사람을 찾고 계신다. 엄마에게 날마다 구하는 어린 아이와 같은 자를 원하신다.

우리는 교회 안에서 매우 다양한 형태의 기도에 관해 듣고 배운다. 묵상기도, 통성기도, 금식기도, 릴레이 기도, 방언기도, 침묵기도, 중보기도 등 다양한 기도를 경험하며 살아간다. 신앙생활을 하면서 기도가 얼마나 중요한지 모든 성도가 알고 있으며, 그 중요성은 아무리 강조해도 지나치지 않다는 데 모두가 공감한다.

문제는 이 중요한 기도를 하지 않는다는 것이다. 우리의 가장 큰 문제는 하나님께 구하지 않는 것이다. 이보다 심각하고 더 큰 문제는 없다. 하나님이 모든 것의 주인이고 모든 것의 공급자이시기 때문이다. 구하지 않으면 결코 받지 못한다. 구해야 한다. 구해야 산다.

너희는 욕심을 내어도 얻지 못하여 살인하며 시기하여도 능히 취하지 못하므로 다투고 싸우는도다 너희가 얻지 못함은 구하지 아니하기 때문이요… **약 4:2,3**

왜 하나님께 구하지 않을까? 사람들은 너무 바빠서 기도하지 못하고, 급한 일에 쫓기다 보니 기도하고 싶어도 진득하게 앉아 기도할 시간이 없다고 말한다. 그래서 겨우 식사 기도로 하루의 기도를 대신하거나, 하루를 마치고 잠자리에 들면서 아주 잠시 형식적으로 기도하는 것이 전부일 때가 많다.

사실 하나님께 구하지 않는 이유는 바빠서가 아니다. 우리는 아무리 바빠도 음식을 먹고, 화장실을 가고, 잠을 잔다. 생존을 위해서 꼭 필요하기 때문에 어떻게 해서라도 이런 시간을 꼭 만들어낸다. 하루의 많은 일과는 시간을 내어서 하면서 왜 하나님께 구하는 시간은 없다고 하는가?

정확히 말하면, 시간은 있다. 다만 시간을 내지 않을 뿐이다. 기도할 시간이 없는 게 아니라 기도에 시간을 내어줄 마음이 없는 것이다. 그것은 인생의 주인을 하나님으로 생각하지 않는 자의 중요한 특징이다.

내 삶을 하나님께서 이끌어간다고 믿는 자는 기도한다. 그러나 내 삶의 주인이 하나님이라고 생각하지 않으면 기도의 자리는 밀려난다. 나의 생존과 하나님이 별로 상관없다고 생각하면 기도 시간은 점점 사라질 수밖에 없다. 하나님을 주인으로 모시고 살아가지 않는 자에게 하나님은 주지 않으신다. 하나님께 구하지 않기에 얻지 못하는 것이다.

그러므로 우리는 하나님께 구하기 위해서 모든 시간을 조율해야 한다. 하나님께 구하는 시간을 최우선순위에 두고, 기도를 방해하는 모든 장애물을 제거해야 한다. 하나님께 구하는 순간 우리의 삶은 달라질 것이다. 하나님께 구하는 사람만이 누리는 비밀이 있다. 그것은 하나님이 주셨음을 알게 되는 것이다.

주 여호와께서 이같이 말씀하셨느니라 그래도 이스라엘 족속이 이같이 자기들에게 이루어주기를 내게 구하여야 할지라

겔 36:37

하나님은 기도를 통해 우리의 필요를 들으시고, 응답을 통해 영광을 받으신다. 우리는 오늘도 모든 것의 주인이신 하나님께 그분의 도우심을 구해야만 하는 존재이다.

잘못 구하면 받지 못한다

구하여도 받지 못함은 정욕으로 쓰려고 잘못 구하기 때문이라 약 4:3

기도를 하되 올바른 기도를 해야 한다. 응답되지 않는 기도의 두 번째 경우는 잘못 구한 기도이다. 이 구절을 쉬운 성경으로 보면 이렇게 기록되어 있다.

"그리고 구해도 받지 못하는 것은 구하는 동기가 잘못되었기 때문입니다. 여러분은 오직 자신의 유익만을 위하여 쓰려고 구하고 있습니다."

잘못 구하여 응답되지 않는 기도는 "오직 자신의 유익만을 위하여" 구하는 기도이다. 욕심에서 시작하고 자신의 정욕으로 하는 기도이다. 야고보는 욕심을 매우 경계한다.

욕심이 잉태한즉 죄를 낳고 죄가 장성한즉 사망을 낳느니라
약 1:15

야고보는 욕심의 결과까지도 보여준다. 욕심은 욕심으로 끝나지 않고 반드시 합병증을 동반한다. 그러므로 기도할 때도 하나님의 뜻이 아니라 자기 뜻을 구하게 만드는 정욕의 기도를 조심해야 한다. 정욕의 기도는 내 뜻을 이루려는 기도이다. 타락한 인간의 본성에서 터져나오는 기도이다. 정욕의 기도가 시작되는 순간, 기도는 하나님을 나의 종으로 삼아 내 욕구를 실현하려는 욕망의 도구가 된다.

정욕의 기도를 피하려면 예수님의 겟세마네 기도를 따라

가면 된다. 예수님은 "아버지여 만일 아버지의 뜻이거든 이 잔을 내게서 옮기시옵소서 그러나 내 원대로 마시옵고 아버지의 원대로 되기를 원하나이다"(눅 22:42)라고 기도하셨다. 십자가를 지시기 전 예수님의 간절한 기도였다.

예수님은 아버지의 사랑에서 끊어지는 저주의 죽음을 피하고 싶었다. 그래서 처음의 기도는 이 잔을 옮겨달라는 기도였다. 그러나 결국에는 자신의 뜻대로 되기보다는 아버지 하나님의 뜻대로 되기를 기도하셨다. 내 정욕을 벗어날 수 있는 기도는 아버지의 뜻에 집중하며 그것을 구하는 기도이다.

하나님 아버지의 뜻은 언제나 옳다. 그래서 아버지의 뜻을 구하는 기도는 언제나 위대한 응답의 기도가 될 수밖에 없다. 정욕의 기도에서 돌아서서 아버지의 뜻을 구하는 기도로 다시 돌아가자. 그 기도는 백전백승의 기도이다.

그렇다면 하나님 아버지의 뜻을 어떻게 알 수 있는가? 하나님 아버지의 뜻은 하나님의 말씀에 있다. 그래서 말씀을 붙잡고 기도하는 것은 매우 중요하다. 말씀을 붙잡은 기도는 매우 강력한 힘을 지녔다. 그런 의미에서 말씀을 붙잡고 기도한 솔로몬을 주목해 보아야 한다.

주께서는 주의 종들에게 언약을 지키시고

세상에서 가장 지혜로운 사람이었던 솔로몬. 그는 성전을 완공한 후 가장 먼저 하나님께 봉헌기도(대하 6:14-42)를 드렸는데 이 기도는 가장 지혜로운 기도 중 하나로 꼽을 만하다. 그는 모든 회중 앞에서 무릎을 꿇고 하늘을 향해 두 팔을 펼쳐 들고는 먼저 견고한 왕권을 위해, 이어서 기도 응답과 죄 용서에 관해 간구하고, 마지막으로 공동체의 문제에 관한 간구를 올려드렸다.

솔로몬의 기도에는 중요한 특징이 있다. 기도를 시작할 때 14절에서 17절까지 "이스라엘의 하나님 여호와"를 세 번이나 반복하며 하나님의 성품을 묵상하고 또 묵상했다. 우리도 기도하기 전에 먼저 하나님의 성품을 기억할 필요가 있다.

하나님은 거짓으로 약속하는 경우가 없으시기에 한 번 약속하면 꼭 그것을 지키신다. 그래서 솔로몬은 기도를 시작하면서 먼저 말씀을 지키시는 하나님을 기억하며 "주께서는 … 주의 종들에게 언약을 지키시고 은혜를 베푸시나이다"(14절)라고 고백했다. 약속을 반드시 지키시는 하나님을 고백한 이유는 하나님께서 먼저 다윗과 약속하신 말씀을 다 지키셨기 때문이다. 하나님은 유다 지파를 통해 이스라엘의 주권자가 될 자를 택하겠다고 약속하셨다.

유다에게서 왕이 끊이지 않을 것이고 유다에게서 다스리는 자가 끊임없이 나올 것이다. 유다는 참된 왕이 올 때까지 다스릴 것이다. 온 나라는 그에게 복종할 것이다. **창 49:10 쉬운성경**

그 약속의 말씀대로 유다 지파 이새의 집안에서 다윗을 선택하여 왕으로 삼으셨고, 다윗에 이어 솔로몬으로 왕위가 계승되게 하셨다. 또한 다윗의 아들 솔로몬을 통해 성전을 건축하겠다고 약속하셨다.

네 생명의 연한이 차서 네가 조상들에게로 돌아가면 내가 네 뒤에 네 씨 곧 네 아들 중 하나를 세우고 그 나라를 견고하게 하리니 그는 나를 위하여 집을 건축할 것이요 나는 그의 왕위를 영원히 견고하게 하리라 **대상 17:11,12**

솔로몬은 자신의 열심과 노력으로 하나님의 성전이 지어졌다고 하지 않는다. "이제 여호와께서 말씀하신 대로 이루셨도다"(10절)라고 고백한다. 성전의 존재가 약속한 것을 지키시는 하나님의 신실하심이라고 선포한다. 솔로몬은 약속의 말씀이 이루어졌음을 아는 자이기 때문이다.

하나님의 입으로 하신 말씀을 손으로 이루셨다는 것은 하나님의 말씀은 단지 정보가 아니라 반드시 행동과 사건으로 일어나는 창조의 도구라는 뜻이다. 솔로몬은 약속의 말씀을 이루신 하나님을 찬양하며, 미래에도 그렇게 하실 것을 믿고 기도한다. 더 정확하게는 약속의 말씀을 붙잡고 기도한다.

> 주께서 전에 말씀하시기를 내 이름을 거기에 두리라 하신 곳이 성전을 향하여 주의 눈이 주야로 보시오며 종이 이곳을 향하여 비는 기도를 들으시옵소서 대하 6:20

말씀을 붙잡고 하는 기도

말씀을 붙잡고 드린 솔로몬의 기도는 어떻게 되었을까?

> 밤에 여호와께서 솔로몬에게 나타나사 그에게 이르시되 내가 이미 네 기도를 듣고 이곳을 택하여 내게 제사하는 성전을 삼았으니 대하 7:12

하나님께서 솔로몬에게 그가 한 기도를 이미 다 들으셨다고 하셨다. 하나님이 이미 듣고 응답하시는 기도는 말씀을 붙잡고 하는 기도이다. 그래서 솔로몬의 기도는 죽지 않고, 땅에 떨어지거나 허공을 떠돌지 않았다. 즉각 응답되는 기도가 되었다. 엘리야의 기도도 마찬가지였다.

3년 6개월의 기근으로 온 땅이 말랐다. 비가 올 것이라고 함부로 말했다가 비가 오지 않으면 죽을 수도 있었다. 그런데 엘리야는 아합에게 "올라가서 먹고 마시소서 큰비 소리가 있나이다"(왕상 18:41)라고 말했다. 무엇을 믿고 그렇게 선포했을까? 엘리야는 믿는 구석이 있었다. 그것은 하나님의 말씀이었다.

… 여호와의 말씀이 엘리야에게 임하여 이르시되 너는 가서 아합에게 보이라 내가 비를 지면에 내리리라 **왕상 18:1**

말씀에 근거하여 말하고 말씀을 붙잡고 담대하게 선포했으며 엘리야의 기도는 응답되었다. 우리도 기도가 응답받기 위해서는 반드시 말씀을 붙잡고 기도해야 한다. 우리의 기도 응답은 약속의 말씀 안에서 이루어진 것이다.

하나님의 뜻은 하나님의 말씀에 나타나 있다. 하나님의 뜻과 가장 가까운 기도는 말씀을 붙잡고 하는 기도이다. 그분의 말씀 안에서 구하는 모든 것은 하나님께서 반드시 듣고 응답하신다. 그래서 말씀을 붙잡고 기도를 시작했다면 그 기도는 이미 응답이 보장된 기도가 된다.

기도의 불은 스스로 활활 타지 않고 살아있는 땔감이 필요한데 말씀이 기도의 연료이며 재료이다. 하나님의 말씀이 없으면 기도의 불은 서서히 작아지다가 얼마 가지 않아 소멸할 것이다. 그래서 기도의 사람은 기도와 말씀을 분리해서는 안 되며 말씀을 통해 기도에 불을 붙여야 한다. 말씀이 빠진 기도는 정한수 떠다 놓고 자기 소원을 비는 주문이 되기 쉽다. 기도는 말씀을 통과할 때 강력해진다.

아빠가 약속했잖아요

하나님의 말씀을 붙잡고 하는 기도는 절대로 죽지도 사라지지도 않는다. 하나님의 성품 때문이다. 하나님은 모든 것을 다 하실 수 있지만 못하시는 것이 딱 하나 있다. 그분은 거짓말을 못 하신다.

하나님은 사람이 아니시니 거짓말을 하지 않으시고 인생이 아니시니 후회가 없으시도다 어찌 그 말씀하신 바를 행하지 않으시며 하신 말씀을 실행하지 않으시랴 민 23:19

우리는 성경을 통해 하나님이 어떤 하나님인지 알 수 있다. 성경은 구약과 신약으로 나뉜다. '오실 예수 그리스도'(구약)와 '오신 예수 그리스도'(신약)로 나누기도 하지만 더 명확하게는 구약은 약속이며 신약은 성취이다. 그래서 성경을 통해 분명하게 알 수 있는 것은, 하나님은 반드시 약속을 이루시는 분이시라는 것이다. 그러므로 그분의 뜻인 하나님의 약속 말씀을 붙잡고 기도할 때, 응답은 보장된다.

아이들이 이야기만 들어도 우는 곳이 있다. 병원이다. 병원 가는 것을 너무 싫어하고 무서워해서 아이들에게 병원에서 주사를 맞거나 피를 뽑으면 반드시 장난감을 사주기로 약속했었다. 한 명이 병원을 다녀오더라도 3형제 모두 장난감을 산다. 지금까지 그 약속은 지켜지고 있다.

병원에서 한바탕 전쟁을 치른 후에 장난감 가게로 가는데 아이들이 너무 큰 것을 골라서 나도 모르게 너무 큰 것은 안 된다고 말할 때가 있다. 그때마다 아이들은 큰 목소리로 아주 당당하게 이야기한다.

"아빠가 약속했잖아요!"

아이들에게 하나님은 진짜 아버지이시고 그 아버지는 거짓말을 못 하신다는 것을 가르쳐주기 위해서 나는 "그래"라고 말할 수밖에 없다.

아빠의 약속을 붙잡고 살아가는 자녀들은 매우 지혜로

운 아이들이다. 우리도 지혜롭게 하나님이 주신 약속의 말씀을 붙잡고 기도하는 방식으로 전환해야 한다. 그래서 기도의 사람은 반드시 말씀의 사람이다. 기도와 말씀은 떨어질 수 없다.

어릴 때부터 말씀을 붙잡고 기도하게 하자

모든 교회가 그렇듯이 금요일 저녁이 되면 우리 교회도 금요철야예배로 북적북적한다. 감사한 일은 다음세대가 이 금요철야에 많이 나온다는 것이다. 부모님들이 본당에 들어가기 전에 꼭 방문하는 곳이 있는데 그곳은 다음세대가 예배를 드리는 교육관의 '어린이 금요철야' 예배당이다. 8시 30분이 되면 그곳에서는 어린이 금요철야예배를 드린다.

유치부 아이들을 중심으로 한 미취학 부서의 예배가 있고, 유년부·초등부·소년부 아이들을 중심으로 한 취학 부서의 예배가 있다. 매주 수백 명의 아이들이 교육관을 가득 채우고 어린이 금요철야 예배를 드린다.

놀랍게도 이곳에는 부모님이 아이들의 손을 잡고 나오는 것이 아니라 부모님의 손을 끌고 나오는 아이들이 많다. 또 한 가지 놀라운 사실은 말씀을 붙잡고 기도하는 아이들의 열기가 대단하다는 것이다. '아이들이 기도를 할 수 있을까?', '유치부 아이들이 말씀을 듣고 기도의 무릎을 꿇을 수 있을까?' 의문을 가질 수도 있지만, 말씀을 붙잡고 기도하는 아이들의 태도와 기도의 함성은 다르다.

어린이 금요철야예배 때는 아이들을 놀이로 방치하지 않는다. 매주 찬양과 말씀, 기도 시간이 1시간 30분에서 2시간가량 진행된다. 말씀을 들은 다음, 아이들은 들었던 그 말씀을 붙잡고 기도를 시작한다. 아이들에게 들려진 그 말씀이 아이들을 깊은 기도의 자리로 인도한다.

말씀의 집중력은 대단하다. 말씀을 붙잡고 어릴 적부터 기도하는 아이들을 보면 가슴이 뛴다. 말씀을 붙잡고 기도하는 다음세대가 기대가 된다. 왜냐하면 말씀을 붙잡는 기도는 응답을 전제로 하기 때문이다. 하나님은 말씀을 붙잡고 기도하는 사람을 통해 일하셨고 놀라운 일을 행하셨기 때문이다.

말씀의 사람이 되어 기도하라

조지 뮬러(George Muller)는 기도의 사람이었다. 평생을 살아가며 5만 번 이상 기도 응답을 받았기 때문에 모든 사람이 그를 기도의 사람으로 부른다. 그런데 조지 뮬러는 기도의 사람이기에 앞서서 말씀의 사람이었다.

평생에 걸쳐서 그는 200번 성경을 묵상했고 특히 생애 마지막 20년 동안에는 100번 이상 성경을 묵상했다. 그는 "기도 응답을 받기 전에 말씀 응답을 먼저 받았다"라고 말했다. 예를 들면, 조지 뮬러가 고아원을 세울 때 붙잡은 말씀은 시편 81편 10절 말씀이었다.

… 네 입을 크게 열라 내가 채우리라 시 81:10

그는 이 말씀이 그에게 주시는 의미를 잠시 묵상한 후, 이 말씀을 고아원 건립에 적용하도록 성령의 인도하심을 받았다고 고백했다. 고아원을 경영할 때는 잠언 16장 3절 말씀을 항상 붙잡았다.

너의 행사를 여호와께 맡기라 그리하면 네가 경영하는 것이 이루어지리라 잠 16:3

그는 이 말씀들을 근거로 고아원 사역을 위해 필요한 것을 하나님께 구했고, 하나님은 그 모든 필요를 기적적으로 놀랍게 다 채워주셨다. 그 외에도 그는 기도하며 언제나 말씀을 붙잡았고 많은 응답을 받았다.

오랫동안 기도하는 것, 뜨겁게 기도하는 것보다 더 중요한 것은 말씀을 붙잡고 기도하는 것이다. 간절히 기도하는 것, 유창하게 기도하는 것, 방언으로 기도하는 것보다 말씀을 붙잡고 기도하는 것이 더 중요하다. 절대로 죽지 않는 기도는 무엇인가? 능력의 기도는 무엇인가? 사탄이 두 손을 드는 기도는 무엇인가? 능력의 말씀을 붙잡고 기도하는 기도이다. 물거품처럼 사라질 기도를 하고 있는가, 절대로 죽지 않는 기도를 하고 있는가?

기도한 사람은 죽어도 기도는 죽지 않는다. 영원하신 하나님이 들으시고 응답하신다. 혹 기도 응답에 대한 확신이 없어서 기도하지 못하고 있는가? 구해야 한다. 입을 크게 열어 구하기를 바란다. 하나님께 구했다면 이미 응답의 씨앗을 심은 것이다.

기도 응답이 없어 기도를 포기하고 있는가? 나의 기도가 하나님의 뜻에 합한 것인지 말씀을 통해 점검하고, 약속의 말씀을 받아 그 말씀을 붙들고 기도하라. 영원한 말씀을 붙들고 반드시 응답되는 기도를 하길 소망한다. 말씀을 붙잡고 기도하는 능력의 사람 되기를 소망한다.

08

기도보다 더 큰 능력은 없다

예레미야서 33장 1-3절

1 예레미야가 아직 시위대 뜰에 갇혀 있을 때에 여호와의 말씀이 그에게 두 번째로 임하니라 이르시되 2 일을 행하시는 여호와, 그것을 만들며 성취하시는 여호와, 그의 이름을 여호와라 하는 이가 이와 같이 이르시도다 3 너는 내게 부르짖으라 내가 네게 응답하겠고 네가 알지 못하는 크고 은밀한 일을 네게 보이리라

하나님을 부르며 울라

배우 차인표 씨가 〈힐링 캠프〉라는 TV 프로그램에 나왔을 때 했던 이야기 중에 인상적인 것이 있었다. 어린 시절 그의 집에는 지하실과 통하는 작은 쪽창이 하나 있었다고 한다. 그가 4살 때 한 번은 그 안에 뭐가 있나 보려고 창문에 머리를 집어넣었다. 순간 지하실의 캄캄한 어둠이 눈앞에 펼쳐졌고, 두려움이 엄습한 꼬마 차인표는 울음을 터뜨렸다. 5살 형이 놀라서 함께 머리를 빼려고 낑낑대며 애썼지만 어떻게 할 수가 없었다.

결국 아무것도 할 수 없던 형은 그만 동네가 떠나갈 정도로 엉엉 울었는데, 그 소리를 들은 엄마가 와서 차인표의 머리를 돌려 꺼내주었다. 아이의 울음은 엄마를 부르는 놀라운 힘이 있다. 아이의 능력은 기어다니는 힘, 물건을 드는 힘, 뛰는 힘이 아니라 우는 힘이다. 연약한 우리가 아빠이신 하나님 앞에서 부르짖는 기도 소리는 특별한 힘을 가지고 있다.

> 너는 내게 부르짖으라 내가 네게 응답하겠고 네가 알지 못하는 크고 은밀한 일을 네게 보이리라 **렘 33:3**

여기서 "부르짖으라"라는 단어 '카라'에는 '불러내다', '초대하다'의 의미가 있다. 우리가 하나님께 부르짖을 때는 하나님을 초대하는 순간이다. 어떠한 문제가 있든, 하나님은 문제보다 더 크신 분이다. 우리가 아무것도 할 수 없는 순간에도 모든 문제의 정답 되신 하나님만 초대되면 된다.

요한복음 2장 1-11절을 보면, 갈릴리 가나에 혼인 잔치가 열렸는데 잔칫집에 포도주가 떨어졌다. 잔칫집에서 가장 큰 문제가 생긴 것이다. 포도주가 떨어진 문제를 가지고 예수님의 어머니는 예수님에게로 갔다. 문제 속으로 예수님을 초대한 것이다. 잔칫집에 포도주가 떨어졌지만 예수님이 그곳에 계셔서 문제는 문제가 되지 않았다.

예수님을 문제 속으로 초대하는 순간 상황은 역전되어 최고의 잔치가 되었다. 기도에는 하나님을 초대하는 능력이 있다. 주님을 매일 우리의 삶 속으로 초대하면 날마다 축제의 삶이 된다. 기도의 삶은 곧 축제의 삶이다.

어려운 시간은 우리 삶에서 필수품이다. 그러나 그때 우리가 주님의 이름을 부르는 그 순간 우리에게 세상을 창조하신 하나님이 초청되실 것이다. 우리의 신음과 고통 소리를 통하여 우리에게 초청되는 그분은 누구신가? 그분은 창조주이시다. 그분은 어떠한 제한도 한계도 없으신 분이다.

> 나는 빛도 짓고 어둠도 창조하며 나는 평안도 짓고 환난도 창조하나니 나는 여호와라 이 모든 일들을 행하는 자니라 하였노라 사 45:7

갇힌 예레미야, 갇히지 않는 하나님

남유다는 BC 586년에 바벨론 느부갓네살 왕에게 멸망했다. 유다가 멸망하기 전, 선지자 예레미야는 심판하시는 하나님의 음성을 듣는데 심판의 메시지와 함께 하나님께서 다시 이스라엘 백성들을 회복하시리라는 말씀도 듣는다.

그 음성을 들은 예레미야는 애굽과 바벨론 틈에서 우왕좌왕하는 시드기야 왕에게 "왕이시여! 이제라도 하나님 말씀을 듣지 않으면 정말 나라가 망합니다. 성전은 불타 없어질 겁니다"라며 바벨론에게 항복하라고 말하지만, 그 때문에 오히려 감옥에 갇히고 구덩이에 던져지는 등 갖은 수모를 당했다.

예레미야가 가장 가까운 동족에게 에워쌈을 당하였듯 이스라엘 민족도 당시 최고의 강대국 바벨론에 에워쌈을 당한다. 예레미야도 남유다도 똑같은 상황이었다. 도움의 손길은 다 끊기고, 아무것도 할 수 없는 상황이었다. 그 절망의 순간에 하나님은 예레미야에게 기도하라고 말씀하신다.

> 예레미야가 아직 시위대 뜰에 갇혀 있을 때에 여호와의 말씀이 그에게 두 번째로 임하니라 이르시되 **렘 33:1**

갇혀 있는 예레미야에게 두 번째로 말씀이 임했다. 이 상황 속에서 놀라운 사실을 발견할 수 있다. 예레미야는 가둘 수 있어도 예레미야와 함께하시는 하나님은 가둘 수 없다는 것이다. 마찬가지로, 바벨론이 이스라엘은 가둘 수 있어도 이스라엘과 함께하시는 하나님을 가둘 수는 없다.

좌우 앞뒤, 모든 곳이 가로막혀 있어도 하늘 문은 언제나 열려 있다. 그래서 우리가 아무것도 할 수 없는 그 순간이 어쩌면 모든 것을 할 수 있는 순간인지도 모른다. 하나님께 기도할 수 있는 순간이기 때문이다. 우리가 기가 막힌 상황

속에서 기도할 때 하나님은 그 기도를 듣고 기가 막히게 역
사하신다.

> 너희가 내게 부르짖으며 내게 와서 기도하면 내가 너희들의
> 기도를 들을 것이요 **렘 29:12**

하나님께서는 우리가 예배당에 있든 사자굴에 있든 상관없
다. 하나님은 물고기 배 속에서 요나의 외침도 들으시고 찾
아가셨다. 다니엘의 사자굴에서도 들으셨고, 아무도 관심
을 두지 않는 감옥에서도 바울의 찬양을 듣고 그곳을 찾아
가셨다. 죽은 사람에게나 산 사람에게나 하나님의 역사는
제한이 없다.

기도할 때 꼭 기억해야 하는 것

하나님은 갇히지 않는 정도의 하나님이 아니다. 우리의
기도를 들으시는 하나님은 상상 그 이상의 하나님이시다.

예레미야서 33장 1절은 3절로 바로 연결해도 된다. 그러
면 이르신 말씀이 다음과 같이 자연스럽게 이어진다.

> 예레미야가 아직 시위대 뜰에 갇혀 있을 때에 여호와의 말씀

이 그에게 두 번째로 임하니라 이르시되 … 너는 내게 부르짖으라 내가 네게 응답하겠고 네가 알지 못하는 크고 은밀한 일을 네게 보이리라 렘 33:1,3

그런데 성경은 그 사이에 기어코 2절을 끼워 넣는다. 기도에 있어서 강조할 것이 있기 때문이다. 그래서 3번이나 그 단어를 반복한다. 무슨 단어인지 알아챘는가?

일을 행하시는 여호와, 그것을 만들며 성취하시는 여호와, 그의 이름을 여호와라 하는 이가 이와 같이 이르시도다 렘 33:2

계속해서 반복되는 단어는 '여호와'이다. 기도하라고 말씀하시기 전에, 부르짖으라고 말씀하시기 전에 '여호와'의 이름을 계속해서 반복하는 이유는 무엇일까? 기도할 때 여호와라는 이름을 꼭 기억해야 하기 때문이다. '여호와'라는 이름에는 어떤 의미가 있을까?

애굽의 바로 왕에게서 이스라엘 백성을 이끌고 나올 때, 모세가 하나님께 "이스라엘 백성이 하나님의 이름을 물으면 뭐라고 하면 되나요?"라고 여쭈었다. 그 질문에 대한 답으로 하나님께서 알려주신 그분의 이름은 '스스로 있는 자'였다.

이 이름은 다음 절에서 이내 '여호와'라는 이름으로 등장한다(출 3:15). "스스로 있는 자이니라"는 새번역과 공동번역에 "나는 곧 나다"로, NIV와 NASB 등의 영어성경에 "I AM WHO I AM"으로 되어 있다.

"여호와"는 사람이 만들어 낸 것이 아니라, 하나님 자신이 직접 밝히시고 사람들이 그것을 기억하기를 원하셨던 이름이다. 이 이름은 하나님은 창조되지 않았고 만들어지지 않았으며 영원부터 영원까지 존재하는 분이시라는 것을 이르는 말이다. 하나님의 절대성과 유일성을 일러주는 이름이다.

결국 여호와라는 이름을 통하여 우리는 하나님께서 스스로 존재하시는 위대한 창조주 하나님이심을 알 수 있다. 하나님은 무에서 유를 만들어 내실 수 있는 유일한 분이며 모든 상황에서 우리를 구원하실 수 있는 완벽한 분이시다.

창조주 하나님, 모방하는 인간

하나님의 창조는 '무에서 유의 창조'이다. 그분은 아무것도 없는 공허하고 혼돈한 상태에서 보이는 만물을 창조하셨다. 하나님은 시작이고 끝이시다. 하나님의 천지 창조를 나타낼 때 바라, 아사, 야차르라는 세 개의 단어가 사용되었다.

태초에 하나님이 천지를 창조하시니라 **창 1:1**

바라 만들다, 창조하다, 지음을 받다

하나님이 궁창을 만드사 궁창 아래의 물과 궁창 위의 물로 나뉘게 하시니 그대로 되니라 **창 1:7**

아사 창조하다, 조각하다, 만들다

여호와 하나님이 땅의 흙으로 사람을 지으시고 생기를 그 코에 불어넣으시니 사람이 생령이 되니라 **창 2:7**

야차르 구성하다, 형성하다

창조의 단어들은 하나님을 주어로 하는 단어이다. 창조의 단어를 사용한다는 것은 하나님이 온 세상의 주인이시라는 의미이다. 성경은 창조의 단어들을 통하여 하나님 외에는 누구도 뭔가를 창조할 수 없다는 사실을 우리에게 알려준다.

아무리 세상이 발달하고 사람이 위대하다 해도 사람은 결코 뭔가를 창조할 수 없다. 인간의 모든 행위는 창조가 아니라 모방이다. 하나님이 창조하신 것을 흉내 내거나, 그것을 이용하여 약간 편리하게 만드는 정도이다. 하나님의 특허품을 흉내 내고 응용한 것뿐이므로 어떤 문명이나 대단한 발명품을 보아도 놀랄 필요가 없으며 위대한 업적을 보고 요동할 필요도 없다.

피카소는 "좋은 예술가는 그대로 따라 하지만, 위대한 예술가는 훔친다"라고 말했고, 경영 분야의 전문가인 오데드 센카(Oded Shenkar)는 "모방은 인류 문명에 상당한 기여를 했으며, 모방이 없다면 아무리 혁신적인 사회라도 결국은 뒤처질 운명에 처할 수밖에 없다"라고 했다. 세상의 발전은 모방에서 시작되었고 모방은 인류를 발전시킨 힘이었다.

인간은 예로부터 자연을 모방하며 살아왔다. 자연 속에 숨은 각종 과학 원리를 발견하고 이를 이용해 새로운 물건이나 기술을 만들어냈다. 이렇듯 생물의 행동이나 구조 또는 그들이 만들어내는 물질 등을 모방해 새로운 기술을 만드는 것을 생체모방공학(Biomimetics)이라 하는데 이 사례들은 인간이 모방하는 존재로서 하나님의 것을 모방했다는 증거라 하겠다.

• 독수리와 비행기 : 미국의 라이트 형제가 만든 인류 최초의 비행기는 독수리가 비행할 때 움직이는 날개의 모습에서 착안해 만들어졌다.

• 도꼬마리와 벨크로 : 스위스의 발명가 메스트랄은 사냥 중 옷에 붙어 잘 떨어지지 않는 도꼬마리(산우엉) 열매를 관찰하여 벨크로(일명 찍찍이)를 만들어냈다. 원리가 단순하지만 매우 유용한 발명품으로 의료용 혈압측정기, 수술 가운, 시곗줄, 군복, 항공기 등 다양한 용도로 광범위하게 활용되고 있다.

• 단풍나무 열매와 프로펠러 : 씨앗이 맺힌 타원형의 단풍나무 열매를 위로 던지면 빙글빙글 돌면서 멀리 날아가는데 이 모습에 영감을 얻어 헬리콥터의 프로펠러가 만들어졌다.

• 연잎 미세돌기와 방수제품 : 연잎에 물이 닿으면 물방울이 굴러다닐 뿐 잎은 젖지 않는다. 잎 표면에 무수하게 박혀 있는 미세돌기 때문에 물이 잘 스며들지 않고 밀려나는 것이다. 이러한 구조적 특징을 살려 아웃도어 방수 점퍼가 개발되었다.

• 파리의 눈과 카메라 렌즈 : 파리, 잠자리의 눈은 홑눈이 겹겹이 모여 있는 겹눈구조인데 시야각이 140-180도로 매우 넓어 가만

히 있어도 사방을 볼 수 있고 거리가 멀어도 선명한 영상을 얻을 수 있다. 이런 겹눈구조를 모방해서 단체사진을 찍을 때 넓은 시야를 제공하는 초광각렌즈를 만들었다.

• 벌집의 육각형 구조와 건축 : 다윈이 '낭비가 전혀 없는 완벽한 구조물'이라고 극찬한 정육각형의 벌집은 벌집 무게의 30배나 되는 양의 꿀을 저장할 수 있을 만큼 공간 활용도가 높다. 정육각형 구조는 최소의 건축자재로 최대의 공간을 얻는 경제적인 건축 방법인 데다가 외부의 힘이 쉽게 분산되어 매우 안정적이어서 튼튼한 구조물을 만들기 위해 그 내부를 육각형 구조로 만드는 경우가 많다.

• 전복과 탱크 외피 : 똑같이 탄화칼슘으로 되어 있어도 분필은 쉽게 부러지는데 전복 껍데기는 밟아도 잘 깨지지 않을 만큼 강하다. 이는 전복 껍데기가 탄화칼슘 타일 수천 개가 겹겹이 쌓인 형태의 고분자 구조로 이루어졌기 때문이다. 이러한 배열구조는 가벼우면서도 강한 탱크 외피의 제작에 응용되었다.

• 홍합과 수술용 접착제 : 홍합이 아무리 거센 파도가 몰아쳐도 바위에 잘 붙어 있는 비결은 홍합의 분비물인 '족사'라는 액체 단백질이다. 접착 단백질인 '족사'는 접착력이 뛰어나고 재생 및

흉터 예방에 탁월한 효과가 있다. 여기서 영감을 얻어 세포용 접착제, 의료용 접착제, 치과용 접착제가 개발되었다.

인간은 하나님의 창조를 흉내 내어 인류 문명의 발전을 이루어 왔다. 우리 주변의 모든 것은 하나님의 것을 모방하고 응용한 것이다.

기도는 창조의 사역이다

아무것도 없는 데서 말씀으로 세상 모든 것을 창조하신 하나님은 또 다른 방식으로 창조하시며 우리를 돌보신다. 예레미야서 33장 1-3절은 우리에게 기도하라고 권면하는데 그중 2절에 하나님의 창조에 관련된 단어들이 사용되었다.

일을 행하시는(아사) 여호와, 그것을 만들며(야차르) 성취하시는 여호와, 그의 이름을 여호와라 하는 이가 이와 같이 이르시도다 **렘 33:2**

이는 기도가 하나님의 창조 작업과 연결된다는 의미이다. 기도할 때 놀라운 창조주의 능력이 우리 삶에 나타난다. 우리의 기도를 들으시는 분은 세상의 주인이신 분, 죽음도 생명으로, 절망도 소망으로, 끝도 시작으로 다시 시작하실 수 있는 하나님이시다. 그래서 기도는 무에서 유를 만들어 내시는 하나님의 능력이다. 창조주 하나님이 들으시기에 기도는 한계도 제한도 없다. 바닷속에도 땅끝에도 언제나 기도의 능력이 머물 수 있다. 기도는 재판관보다 위대하고 수술하는 의사보다 탁월하다. 성경은 기도의 응답과 결과를 이렇게 말씀한다.

너는 내게 부르짖으라 내가 네게 응답하겠고 네가 알지 못하는 크고 은밀한 일을 네게 보이리라 렘 33:3

기도는 창조 작업이므로 기도하면 우리가 알지도 못하는 엄청난 일이 벌어지게 된다. 크고 은밀한 일, 타락한 인간이 상상할 수도 없는 일들이 벌어진다. 기도가 시작되면 하나님은 우리 삶의 시나리오 작가가 되신다.

당신은 지금까지 해왔던 기도를 어떻게 생각하고 있는가? 하나님께서 창조 때의 단어를 기도를 명령할 때 사용하셨다면, 기도는 모든 상황을 뒤집을 수 있는 역전의 도약대이다. 기도는 우리 능력 밖의 일들을 다시 일으킨다. 성경을 보면 놀라운 기적의 역사는 기도에서 시작되었다.

- 늘 하나님을 원망하며 우상을 숭배하던 이스라엘 민족이 모세의 기도로 살았다.
- 한나는 기도를 통하여 불임을 뚫고 민족의 영적 어둠을 밝힌 사무엘을 얻었다.
- 엘리야는 기도를 통하여 하늘 문을 열었다가 닫았다가 하였다.
- 히스기야 왕의 기도는 죽은 목숨을 다시 살렸다.
- 오병이어 사건이 일어나기 전에도 예수님은 하늘을 우러러 감사기도를 드렸다.
- 예수님은 하나님의 뜻대로 되기를 구하는 기도를 통해 십자가 사명을 완수하셨다.
- 베드로도 죽은 다비다를 기도로 살려냈다.

기도는 기적의 출발점이다

대학 시절, 학교의 선교단체를 열심히 섬겼다. 캠퍼스를 누비면서 하나님께서 찾으시는 한 영혼을 찾기 위해 대학 4년의 시간을 쏟아부었다. 도시락을 싸와서 먹고 그렇게 아낀 돈으로는 일대일 성경공부를 하는 비그리스도인 친구에게 맛있는 음식을 대접했다. 열심히 아르바이트를 해서 비용을 마련하여 믿지 않는 청년들을 위한 수련회를 준비하고 많은 영혼을 초청했다. 5박 6일의 그 수련회는 언제나 은혜

중의 은혜였다. 청년들이 주님께 삶을 돌이키는 모습을 보며 언제나 가슴이 뛰었다.

이 사역을 열심히 함께 달린 동역자가 있었다. 나보다 두 살 많은 형이었는데 그 누구보다 그리스도의 복음을 전하기 위해 선봉에 선 믿음의 사람이었다. 모든 후배가 존경할 만한 사람이었다. 선교단체 사역을 어느 정도 마무리할 무렵, 그 형과 함께 대학교 도서관에서 신학대학원 준비를 했다. 형은 교회의 교육전도사 사역도 하고 있었기 때문에 교회 사역을 마무리한 후에 도서관에 와서 함께 공부했다.

어느 날, 형이 함께 공부하는 도서관으로 오지 않았는데 오지 않은 이유를 나중에서야 듣고 너무 놀랐다. 아침에 새벽기도 설교를 하러 급하게 나가다가 2층의 집에서 떨어져 병원으로 후송되었다는 것이다. 더 충격적인 사실은 하반신이 마비되었다는 것이었다.

하반신이 마비되니 바늘로 찔러도 감각이 없었다. 화장실을 가는 것을 비롯해 모든 일상이 멈추었다. 하나님에 대한 섭섭함, 하나님에 대한 배신감이 컸던 형은 면회를 거부하고 모든 사람과의 만남을 피했다. 형의 일상도 사역도, 그리고 그의 달려감도 멈추었다. 그러나 많은 동역자들은 하나님께 기도하는 것을 멈추지 않았다. 병원에서도 하반신 신경을 살리는 것은 어렵다고 이야기했지만 우리는 포기하지 않고, 생명을 창조하신 창조주 하나님께 기도했다.

몇 개월이 지났을까? 놀라운 연락을 받았다. 오른쪽 신경이 돌아왔다는 것이다. 하나님에게서 등을 돌렸던 형은 "하나님은 하나님이시다"라는 고백을 할 수밖에 없었다. 주변의 모든 사람도 하나님께 압도되는 사건이었다. 우리는 거기서 멈추지 않고 왼쪽 다리의 신경을 두고 계속 기도했다. 그리고 하나님은 신실하게 왼쪽 신경도 다시 살려주셨다. 지금 그 형은 대구에서 장애인 사역자로 섬기고 있으며 장애인 농구 선수로도 활동하고 있다.

외과의사 이국종 교수는 그의 책 《골든아워 1》(흐름출판, 2018)에서 이렇게 고백한 바 있다.

"이제 나는 외과 의사의 삶이 얼마나 무거운 것인지 뼛속 깊이 느낀다. 그 무게는 환자를 살리고 회복시켰을 때 느끼는 만족감을 가볍게 뛰어넘는다. 터진 장기를 꿰매어 다시 붙여놓아도 내가 생사에 깊이 관여하는 것은 거기까지다. 수술 후에 파열 부위가 아물어가는 것은 수술적 영역을 벗어난 이야기이고, 나는 환자의 몸이 스스로 작동해 치유되는 과정을 기다려야만 한다."

인간은 아무리 유능해도 한계가 있다. 하지만 하나님은 한계가 없다. 그분은 여호와 하나님이시다. 그분이 우리의 기도를 들으신다. 우리의 기도를 들으시는 분은 말씀으로 세상을 창조하신 분이시다. 그분은 창조주 하나님이시다. 그래서 우리의 기도보다 더 큰 능력은 없다. 의사보다 기도의 능력은 크다. 어떤 재력가보다 기도의 능력은 크다.

기도로 창조의 사역에 동참하라

하나님이 예레미야에게 주신 이름, 기도하기 전에 기억하고 또 기억해야 할 이름, 좌절과 절망 속에서 부르짖기 전에 반드시 기억해야 할 이름은 "여호와"였다. 그 이름을 반복해 들려주시면서 하나님은 이렇게 말씀하시는 것이다.

"예레미야야, 너의 지금 상황이 절망이라도 이것을 꼭 기억하렴. 너의 기도를 듣고 있는 나는 창조주이다. 예레미야야, 남유다의 지금 상황이 포위되어 앞뒤가 막혀 있지만 기억하렴. 너의 기도를 듣는 나는 무에서 유를 만들 수 있는 창조주이다. 이것을 기억하렴, 예레미야야. 너는 좌우가 다 가로막혔지만, 세상을 창조하고 모든 시공간을 초월할 수 있는 창조주가 너의 기도를 듣고 있어. 이것을 꼭 기억해."

사람들은 종종 큰 문제가 쓰나미처럼 몰려오면 하나님을 잊어버린다. 매서운 풍랑 앞에서 바다를 창조하신 하나님을 잊는다. 큰바람 앞에 온 자연 만물을 창조하신 하나님은 작아져서 생각나지 않을 때가 있다. 얼마나 문제가 큰지, 얼마나 상황이 어려운지, 나의 절망의 깊이가 얼마인지 이런 것들이 중요한 게 아니다. 우리의 기도를 들으시는 분은 세상을 창조하신 분이라는 것이다.

기도를 들으시는 분이 하나님이시기에 어린아이의 기도도 힘이 있다. 병약한 자가 힘없이 드리는 기도도 능력이 있다. 초신자의 기도도 힘이 있다. 방언으로 기도하는 게 중요한 것이 아니다. 목사님의 기도가 중요한 것이 아니다. 기도의 핵심은 잘하는 것이나 유창하게 하는 것에 있지 않다. 우리의 기도를 듣는 분이 하나님이라는 것을 알고 기도하는 것, 기도를 잘 들어주시는 하나님을 기억하며 기도하는 것이 기도의 핵심이다.

예수님이 우리에게 직접 가르쳐주신 기도가 주기도문이다. 주기도문은 어떻게 시작되는가? 예수님은 이 기도에서 기도의 대상을 가장 먼저 이야기하셨다. 이것이 기도의 핵심이기 때문이다.

그러므로 너희는 이렇게 기도하라 하늘에 계신 우리 아버지여… 마 6:9

몇 년 전 이사를 했을 때 아이가 "아빠, 2층 침대에서 자면 좋겠어요"라고 하길래 그 말에 2층 침대를 사서 드라이버로 침대를 조립했다. 그런데 밤에 아이가 "아빠 무서워, 혼자 못 자겠어요"라고 하자 그다음 날 드라이버 하나로 2층 침대를 다시 분리해 1층 침대로 만들었다. 아이의 작은 말이지만, 그 아이의 말에 아빠가 움직인다. 아이의 소리에 아빠는 힘들어도 움직이게 되어 있다.

육신의 아버지가 아들의 음성을 들어도 그 아이의 삶이 바뀌는데 하물며 하나님이 들으신다면 어떤 일들이 일어나겠는가. 하나님의 귀에 우리의 음성이 들리면 그 인생은 새롭게 창조된다. 세상을 창조하신 하나님이 우리 기도를 한마디도 놓치지 않고 듣고 계신다.

'기도의 사람' E. M. 바운즈 목사님은 "하나님은 세상을 기도로 조성하신다"라고 하였다. 기도는 하나님의 창조 사역이기에 우리 삶에 가장 강력한 힘을 가진 것이 기도이다. 연약한 우리의 기도는 위대한 창조주 하나님의 손을 움직이게 하므로 기도보다 더 큰 능력은 없다. 오늘도 하나님의 창조에 동역하는 당신의 기도가 필요하다.

09
기도는
무릎으로
나아가는
전투이다

베드로전서 4장 7절

7 만물의 마지막이 가까왔으니 그러므로 너희는 정신을 차리고
근신하여 기도하라

반복되고 지속되는 습관의 중요성

유진 피터슨 목사님은 자신의 저서 《다윗 : 현실에 뿌리 박은 영성》(Leap Over a Wall)에서 "우리가 굉장한 일을 하는 것은 특이한 것이 아니다. 우리가 선한 일을 하는 것도 특이한 일이 아니다. 그 일을 계속하고 유지하는 것이 더 특이한 일이다"라고 말했다. 위대한 한 번의 일도 중요하지만, 지속적으로 하는 일은 더 위대하다는 것이다. 왜 지속하는 힘이 더 위대하다는 것일까?

지속력은 반복하는 힘이다. 늘 같은 자리에서 그 일을 반복해서 하는 사람을 '장인'(匠人)이라고 부른다. 장인, 달인을 소개하는 프로그램이 있다. SBS-TV 〈생활의 달인〉이라는 프로그램이다. 방송국 홈페이지에서는 이 프로그램을

"수십 년간 한 분야에 종사하며, 부단한 열정과 노력으로 달인의 경지에 이르게 된 사람들을 소개하는 삶의 스토리와 리얼리티가 담겨 있는 프로그램"이라고 소개하고 있다. 이곳에 나온 사람들의 특징은 수십 년간 한 분야에 종사하며 반복의 힘으로 전문가가 되어 엄청난 삶의 열매를 누리며 살고 있다는 것이다

반복은 놀라운 일을 이루어 낸다. 그래서 반복에는 힘이 있다. 이제는 말을 바꾸어 보자. 습관에는 힘이 있다. 이규경 작가는 〈습관〉이라는 글에서 습관에 얼마나 강력한 힘이 있는지를 이렇게 표현했다.

어떤 이가 작은 습관을
하나 만들었다.
그는 그것을 늘 끌고 다녔다.

그 습관이 자라서
큰 습관이 되었다.

지금 그는 그 큰 습관에
끌려다닌다.

_《짧은 동화 긴 생각》(효리원, 2022) 중에서

처음에는 사람이 습관을 만들지만, 나중에는 만들어진 습관이 사람을 만든다. 우리 삶을 움직이는 습관에는 좋은 습관도 있고 나쁜 습관도 있다. 습관이 별것 아닌 것 같지만 좋은 습관은 우리를 풍성한 삶으로 인도할 것이고, 나쁜 습관은 비참한 삶으로 이끌어갈 것이다.

누군가가 매일 밤 12시에 라면을 먹는 습관이 있다고 생각해보자. 작은 습관이지만 몇 년 지속되면 분명 건강에 좋지 못한 영향을 끼칠 것이다.

나쁜 습관이 있는 반면에 좋은 습관도 있다. 매일 새벽기도를 가는 습관이 있다면 아무리 어려운 일이 있어도 반복되는 말씀의 시간을 통하여 말씀을 붙잡고 일어서는 놀라운 경험을 할 수 있을 것이다.

'어떤 습관을 가지는가' 이것은 우리 인생에서 매우 중요한 부분이다. 습관에 따라 우리 삶이 경영되고 결정된다고 해도 과언이 아니기 때문이다. 내가 습관을 다스리지 못하면 습관이 내 인생을 다스릴 것이다. 그러므로 좋은 습관을 가지려고 힘써야 한다. 나쁜 습관을 이기기 위해서는 신앙의 거룩한 습관을 가져야 한다. 예수님의 습관을 닮아가야 한다.

예수님의 습관, 기도

예수님도 반복하는 습관을 가지고 계셨다. '습관'에 해당하는 헬라어 단어는 '에도스'(ethos)이다. 신약성경에서는 12번 사용되었는데, 누가복음과 사도행전에서 10번 쓰이고, 요한복음과 히브리서에서 각각 한 번씩 사용되었다. 한글 성경에서 습관, 관습, 규례, 전례, 법, 풍속 등으로 다양하게 번역되었는데 종합하면 '개인의 반복적 행동양식 혹은 종교적 전통과 관습'을 뜻하는 말이다.

'에도스'라는 이 단어가 예수님과 관련해서는 두 곳에서 사용되었다.

> 예수께서 열두 살 되었을 때에 그들이 이 절기의 관례를 따라 올라갔다가 눅 2:42

'관례를 따라'에서 '에도스'라는 단어를 썼다. 예수님은 어릴 때부터 절기를 지키는 거룩한 습관을 갖고 계셨다. 또한 예수님은 습관을 따라 감람산에 가서 기도하셨다. 기도의 습관을 갖고 계셨다.

> 예수께서 나가사 습관을 따라 감람산에 가시매 제자들도 따라갔더니 눅 22:39

예수님의 가장 강력한 습관은 기도였다. 새벽이 밝기 전에 한적한 곳으로 가서 기도하는 습관이 있었다. 기도의 습관으로 새벽을 깨우고 기도로 하루를 시작하셨다. 기도의 습관을 통하여 십자가의 길로 나아가셨다.

예수님이 습관이 되도록 늘 계속해오신 기도에는 특별한 기능이 있다. 기도는 하나님의 힘을 내려받는 다운로드(download)이다. 기도를 통해 우리는 하나님의 능력을 내려받아 세상 속에서 살아갈 힘을 얻는다. 기도는 한마디로 무능력한 자가 전능자에게 기대는 순간이다. 아무리 연약한 자라도, 그분께 기도를 통해 기대어 있다면, 그는 세상을 넉넉히 이기는 자가 될 것이다.

너는 내게 부르짖으라 내가 네게 응답하겠고 네가 알지 못하는 크고 은밀한 일을 네게 보이리라 **렘 33:3**

기도는 하나님의 능력을 다운로드하는 것이기에 어떤 시간과도 바꿀 수 없이 가장 중요한 것이다. 그런데도 기도를 하지 않는 이유는 뭘까? 그것은 기도의 능력을 모르기 때문이다. 운동의 능력을 아는 사람은 잠을 줄여서라도 운동한다. 음식의 맛을 아는 사람은 아무리 멀어도 그 맛집을 찾아가서 그 음식을 꼭 먹고야 만다.

예수님은 기도의 능력을 아셨다. 기도는 하나님으로부터 오는 힘을 다운로드하는 순간임을 아셨다. 그래서 십자가 사건을 앞둔 죽음의 순간에도 주님은 기도에 온 힘을 쏟으셨다. 사람을 찾아가서 위로받고 어떤 대책을 세운 것이 아니라 하나님께 기도하셨다. 그래서 하나님으로부터 오는 힘과 능력으로 죽음의 길, 고난의 길을 걸어가셨고, 결국 십자가 고난을 이기는 승리의 길을 걸으셨다.

극동방송 이사장 김장환 목사님은 "사람과 사람이 만나면 역사가 일어나지만, 사람과 하나님이 만나면 기적이 나타난다"라고 하였다. 기도를 통하여 우리 삶에 수많은 기적이 일어난다. 그래서 예수님이 끝까지 붙잡은 기도를 우리도 끝까지 붙잡아야 한다. 습관이 될 만큼 잡아야 한다.

전진인가 멈춤인가

1985년, 400미터 육상 세계 신기록을 세우며 세계적으로 주목받던 스무 살의 영국 육상선수 데렉 레드몬드(Derek Redmond)는 1988년 서울 올림픽을 앞두고 오른쪽 발목의 아킬레스건이 파열되어 경기 출전을 포기하고 말았다. 아버지 짐 레드몬드는 포기하지 말라며 아들을 다독였고 데렉 레드몬드는 22번의 수술 끝에 재기에 성공해 1991년 영국

국가대표로 선발되며 1992년 바르셀로나 올림픽 400미터 육상 준결승 경기에 출전했다.

경기 초반, 데렉 레드몬드는 선두로 앞서가기 시작했으나 오른쪽 허벅지 뒤쪽 힘줄이 끊어지면서 170미터 지점에서 갑자기 주저앉고 말았다. 다른 선수들이 모두 결승선을 통과한 후 홀로 트랙에 남아 있던 데렉은 이윽고 다시 일어나 절룩거리며 걷기 시작했다. 결국 그 모습을 지켜보던 그의 아버지가 경기장으로 들어와 그를 부축하며 걸어서 함께 결승선을 통과했다.

힘줄이 연결되어 있어야만 달리고 앞으로 나아갈 수 있다. 힘줄이 겉으로 드러나 보이지는 않지만 몸 속에서 매우 중요한 역할을 한다. 우리를 앞으로 나아가게 하고 걸을 수 있게 한다. 다리 힘줄에 이상이 생기면 한 발짝도 걷기가 힘들다. 전진이 아니라 멈춤이다.

새는 날개가 아무리 무거워도 날개를 떼어버리지 않는다. 그 날개 때문에 날아오를 수 있기 때문이다. 배는 돛이 아무리 커도 그것을 잘라버리지 않는다. 그 돛으로 말미암아 앞으로 나아갈 수 있기 때문이다. 기차는 화통이 아무리 크고 무거워도 그것을 끝까지 달고 다닌다. 그 화통이 없다면 단 1센티미터도 전진할 수 없기 때문이다.

성도에게 있어서 기도가 그런 것이다. 기도가 성도의 삶을 앞으로 전진하게 한다. 기도가 성도의 삶에서 떠나는 순간, 기도가 성도의 삶에서 끊어지는 순간, 그 삶은 시시한 삶이 된다. 하나님께서 쉬지 말고 기도하라고 말씀하신 이유가 여기에 있다.

그래서 사탄은 기도하지 못하도록 함으로써 우리에게서 기도라는 무기를 빼앗으려 한다. 기도가 그만큼 중요하기에 성경은 기도를 전투에 빗대어 말씀한다. 사탄의 공격이 심하기 때문에 우리는 기도를 전투하듯 해야 한다.

만물의 마지막이 가까웠으니 그러므로 너희는 정신을 차리고 근신하여 기도하라 **벧전 4:7**

전투적으로 기도할 만큼 기도가 중요한가? 이규현 목사님은 기도의 중요성을 다음과 같이 언급하였다.

"기도는 전투이다. 기도의 처소는 보이지 않는 전쟁터이다. 여기서 모든 전쟁의 승패가 좌우된다. 기도는 우리 인생을 끌고 앞으로 간다. 기도하는 곳까지 우리 인생이 간다. 기도하지 않으면 아무 일도 일어나지 않는다. 미래도 없을 것이다. 그래서 기도하지 못하게 하는 일상과 맞서 싸워야 한다."

_《가장 위대한 일 기도》(두란노, 2016) 중에서

기도가 우리 인생을 끌어가고, 우리 인생은 기도하는 곳까지 나아가기에 기도는 너무나 중요하고 사람이 할 수 있는 일 가운데 가장 위대한 일이라 하겠다. 그래서 어떤 시간보다 기도의 시간을 지켜내도록 씨름해야 한다. 기도가 삶에서 밀려나면 사탄은 그 삶을 비집고 들어온다.

마귀는 기도를 가장 싫어한다

'미국의 목사'라고도 불리는 찰스 스탠리(Charles Stanley) 목사님은 "모든 전투를 무릎으로 싸우라. 그러면 매번 이길 것이다"라고 말했다. 기도는 백전백승(百戰百勝)의 보증수표이다. 또한 중국 선교사로서 위대한 믿음의 여정을 걸어간 허드슨 테일러(James Hudson Taylor)는 선교사의 길을 시작하는 후배에게 이렇게 강조했다.

"자네에게 맡겨진 지역에 들어가려면 무릎으로 전진해야 한다네."

기도가 인생의 최전방에 자리하지 않으면 우리 삶과 사역은 후퇴하기 때문이다. 인생을 결정 짓는 것은 나를 둘러싼 환경이나 나의 소유 정도가 아니다. 인생의 승패는 기도에 달려있다. 한 사람의 인생은 일평생 무릎으로 살았는지, 자신의 발로 열심히 다니며 살았는지를 보면 알 수 있다.

예수님이 겟세마네 동산에서 "시험에 들지 않게 깨어있어 기도하라"(막 14:38)라고 하셨음에도 기도하지 못하고 졸며 자던 제자들은 예수님이 잡혀가시자 그분을 버리고 도망가는가 하면 모른다고 부인하는 부끄러운 모습을 보이고 말았다. 감람산으로 나아갈 때만 해도 "내가 주와 함께 죽을지언정 주를 부인하지 않겠나이다"라고 자신 있게 말했던 그들이었다.

베드로가 이르되 내가 주와 함께 죽을지언정 주를 부인하지 않겠나이다 하고 모든 제자도 그와 같이 말하니라 마 26:35

청교도 설교자인 사무엘 채드윅(Samuel Chadwick)은 "마귀의 최대 관심은 그리스도인의 기도를 방해하는 것이다. 기도 없는 연구, 기도 없는 사업, 기도 없는 봉사, 기도 없는 신앙을 결코 두려워하지 않는다. 마귀는 기도 없는 우리의 노력과 지혜를 비웃고 경멸한다. 그러나 마귀는 우리가 기도할 때 가장 두려워 떤다"라고 말했다.

마귀는 우리가 몇 시간씩 '주의 일'을 한다고 바쁘게 움직이는 것을 겁내지 않는다. 우리가 한 시간 기도하는 것보다 온종일 하나님의 일을 한다고 바쁘게 뛰어다니는 편을 좋아한다. 마귀는 사역보다 기도를 더 두려워한다. 아무리 연약할지라도 기도의 무릎으로 살아가는 성도를 무서워한다. 기도는 창조주 하나님의 능력을 드러냄으로써 그분을 증명하는 도구이기 때문이다. 그래서 우리는 바쁠수록 기도하고, 안 될수록 기도하고, 잘될수록 기도해야 한다.

신학자 C. S. 루이스의 대표작 《스크루테이프의 편지》(The Screwtape Letters)는 '스크루테이프'라는 고참 악마가 조카이자 신참 악마인 '웜우드'에게 믿는 자들을 타락시키는 방법, 사람들이 신앙을 갖지 못하게 하는 방법 등을 전수하기 위해 보내는 서른한 통의 편지로 이루어져 있다. 스크루테이프는 믿음의 사람들을 방해하는 방법의 하나로 "기도를 방해하라"라고 명한다.

> "사람들이 기도를 시작하거든 어떤 방법이든지, 어떤 대가를 치르더라도 기도를 방해하라. 사람들의 진정한 기도는 우리에게 치명적이기 때문이다."

교회와 학교에서 기도로 자라나는 다음세대

스크루테이프에게 웜우드가 있다면 우리에게는 기도로 자라나는 다음세대가 있다.

금요일 밤의 학생들

우리 교회의 진풍경 중 하나는 중고등부 아이들이 매주 금요일마다 금요철야예배에 나와서 강단을 가득 채우고 기도하는 모습이다. 담임 목사님이 말씀을 마치면 금요철야 예배에 참석한 중고등부 아이들 수백 명이 강대상을 향해 걸어나오기 시작한다. 중고등부 교역자들이 하이파이브를 하면서 응원하고, 아이들은 그 응원을 받으면서 강단에 올라가 강대상 주변에 서서 기도한다.

놀랍게도 아이들은 시험 기간에도 여전히 강대상 앞 기도의 자리를 지킨다. 변함없이 그 자리는 중고등부 다음세대 아이들의 자리이다. 그 모습을 보는 믿음의 선배들의 눈에는 매주 감사의 눈물이 흐른다. 밤샘금요철야가 있을 때는 새벽 4시까지 아이들이 강단 위에서 기도한다. 부르짖음의 소리가 강력하다.

중고등부 학교 기도 모임

우리 교회 다음세대들은 학교에서도 기도한다. 중고등부 아이들은 학교에서 점심시간에 함께 모여 기도하고, 초등학교 아이들은 등교하기 전 함께 모여 기도하고 학교에 간다. 코로나의 시간, 쉽지 않은 그 기간에도 학교에서 함께 모여 기도했다. 초등학교 33개, 중학교 23개, 고등학교 31개 학교에서 매주 혹은 매일 기도 모임이 진행되고 있으며 기도의 불은 지금도 계속 번져가고 있다.

각 학교의 기도 모임을 인도하는 사람을 '학교 기도장'이라 부르는데 교역자가 파견되거나 교사가 하는 것이 아니라 그 학교의 학생이 맡는다. 기도 모임에는 우리 교회 아이들뿐만 아니라 다른 교회 친구들도 함께 모여서 기도하는데 그러면서 그 아이들을 통해 그들이 다니는 지역교회들이 다시 살아나는 경우도 많이 있다.

기도 모임 안에 수많은 기도의 간증들이 있다. D중학교에서는 매주 수요일 점심시간에 모여 가정, 학교, 학생, 나라와 민족, 교회를 위해 함께 기도하고, 각자의 기도 제목도 서로 나누어 왔다. 그런데 2학기에는 기도 모임에 더 적합한 장소로 옮기고자 기도 모임 장소를 위해 기도했더니 다른 교회에 다니는 한 선생님이 기도 모임에 최적화된 환경인 음악실에서 할 수 있도록 도와주시고, 그 모임에 함께하실 뿐만 아니라 다른 아이들도 올 수 있게 힘써주셨다. 또 어머니 기도 모임도 세워졌다.

Y고등학교에서는 기도장이 자신의 부족함 때문에 매일 울면서도 '이 기도 모임은 기도장인 내가 아니라 하나님이 이끄신다'라는 것을 믿으며 버텼다. 그런 개인적 어려움 외에도 장소의 어려움, 주변의 곱지 않은 시선 등 학교에서 기도하고 말씀을 나누고 예배하는 것에 수많은 방해와 어려움이 있었지만 그때마다 더욱더 모여서 예배하고 교제하기에 힘썼더니 사라질 위기였던 기도 모임이 20명 넘게 모이는 모임으로 성장했고 요즘은 심지어 믿지 않는 친구들도 와서 함께 말씀과 자기 삶을 나누고, 찬양과 기도를 올려드리고 있다.

학교를 두고 기도하다가 학교별로 전도 축제가 이어지기도 했다. 그 전도 축제를 위해 학부모 기도회, 교사 기도회도 만들어졌다. 학생들 스스로 전도 축제 비용을 모으고, 피자와 통닭, 햄버거 등을 시켜서 학교에서 전도 축제를 열었으며 이 전도 축제는 다른 학교들로 이어졌다.

쓰레기장 옆 초등학교 기도 모임

초등학생들의 학교 기도 이야기는 더욱 놀랍다. 중고등부 아이들의 학교 기도 모임을 보고 난 뒤 초등학교에도 기도 모임이 개척되기 시작해 지금은 부흥기를 맞이하고 있다. 초등학생들은 아침 일찍 학교 운동장, 학교 쓰레기장 옆, 학교 근처의 태권도 도장이나 카페, 개척 교회, 학원 등에서 함께 모여 기도를 하고 나서 학교에 간다.

우리 집 3형제도 학교 기도 모임에 참석하는데 어느 날은 비가 매우 많이 오는데도 망설임 없이 학교 기도 모임에 간다는 것이다. 학교 쓰레기장 옆에 아이들이 우산을 들고 하나둘 모이더니 이내 수십 명이 함께 모여 우산을 쓰고 학교를 두고 기도했다. 4학년 아이가 학교 기도장이 되어 기도를 인도했다. 가슴이 먹먹했고, 우산을 쓰고 함께 기도 모임을 위해 기도하는 부모들의 눈에도 눈물이 났다.

주어진 환경에서 작은 손을 모으고 기도하는 아이들을 보면 기쁨의 눈물이 난다. 여전히 학교를 두고 기도하는 학생들의 기도손은 작아도 온 열방을 움직이는 가장 위대한

손이다. 이들의 기도를 창조주 하나님이 들으시기에 가슴이 뛴다. 다음세대와 대한민국, 온 열방은 여전히 소망이 있다. 하나님께 기도하는 하나님의 사람들이 있기 때문이다. 우리의 기도를 들으시고 하나님은 새로운 일, 놀라운 일을 행하실 것이다. 그 하나님을 기대한다.

보라 내가 새 일을 행하리니 이제 나타낼 것이라 너희가 그것을 알지 못하겠느냐 반드시 내가 광야에 길을 사막에 강을 내리니 사 43:19

PART 4

기도와 삶

CHAPTER

10
겸손한 삶은 기도의 삶

빌립보서 2:1-8절

1 그러므로 그리스도 안에 무슨 권면이나 사랑의 무슨 위로나 성령의 무슨 교제나 긍휼이나 자비가 있거든 2 마음을 같이하여 같은 사랑을 가지고 뜻을 합하며 한마음을 품어 3 아무 일에든지 다툼이나 허영으로 하지 말고 오직 겸손한 마음으로 각각 자기보다 남을 낮게 여기고 4 각각 자기 일을 돌볼뿐더러 또한 각각 다른 사람들의 일을 돌보아 나의 기쁨을 충만하게 하라 5 너희 안에 이 마음을 품으라 곧 그리스도 예수의 마음이니 6 그는 근본 하나님의 본체시나 하나님과 동등됨을 취할 것으로 여기지 아니하시고 7 오히려 자기를 비워 종의 형체를 가지사 사람들과 같이 되셨고 8 사람의 모양으로 나타나사 자기를 낮추시고 죽기까지 복종하셨으니 곧 십자가에 죽으심이라

작은 것이 큰 것을 망가뜨린다

1986년 1월 28일, 전 세계인이 지켜보는 가운데 미국의 케네디 우주센터에서 25번째 우주왕복선이 출발하기 위해 점화되기를 기다리고 있었다. 드디어 전 세계 사람들의 기대를 안고 하늘을 향해 날아오른 챌린저호. 그런데 이륙한 지 불과 73초 만에 폭발해 공중분해되고 말았다.

사고 원인은 외부 추진 로켓의 연료 누출 방지용으로 설치된 고무링의 파손 때문이라는 결론이 내려졌다. 부식된 고무링 사이로 연료가 새어 나왔고 불이 붙어 폭발로 이어졌다는 것이다. 작은 고무링 하나 때문에 거대한 챌린저호가 폭발하고 7명의 우주비행사 전원이 목숨을 잃었다. 작은 부품 하나가 모든 것을 앗아간 것이다.

성도의 삶에도 작은 것 하나가 그의 모든 삶을 무너뜨리는 경우가 있다. 별것 아닌 것 같아도 작은 것 하나로 그의 인생이 폭발할 때가 있다. 우리는 그것을 반드시 제거해야 한다.

빌립보교회는 바울이 세운 유럽의 첫 번째 교회이다. 빌립보교회는 사도 바울이 "나의 사랑하고 사모하는 형제들, 나의 기쁨이요 면류관인 사랑하는 자들아"(빌 4:1)라고 표현할 정도로 아름답고 온전한 교회였다. 그런데 어느 순간 빌립보 공동체에 마음이 하나 되지 못하고 교회가 진통을 겪는다. 다툼의 주인공은 유오디아와 순두게였다.

내가 유오디아를 권하고 순두게를 권하노니 주 안에서 같은 마음을 품으라 빌 4:2

유오디아와 순두게는 바울과 함께 전도에 힘쓰던 빌립보교회의 여성지도자인데 왜 관계에 문제가 생겼을까? "아무 일에든지 다툼이나 허영으로 하지 말고 오직 겸손한 마음으로 각각 자기보다 남을 낫게 여기고"라는 2장 3절 말씀을 보면 서로 자신의 영적 능력과 영적 우월감을 내세웠던 것 같다.

빌립보교회는 바울의 2차전도 여행 때 최초로 세워진 교회이고, 첫 회심자가 루디아라는 여성도였으며 그녀의 집에서 교회가 시작되었기에 다른 곳보다 여성의 영향력이 큰 교회였다. 공동체 전체적으로 이 문제를 알리고 언급할 정도라면 공동체를 흔드는 문제였음은 분명하다. 아름다운 공동체가 교만으로 한순간에 깨어지고 말았다. 한순간에 공동체에 위기가 몰려왔다.

> 젊은 자들아 이와 같이 장로들에게 순종하고 다 서로 겸손으로 허리를 동이라 하나님은 교만한 자를 대적하시되 겸손한 자들에게는 은혜를 주시느니라 벧전 5:5

교만은 하나님을 밀어내는 힘이 있다. 세상의 주관자이신 하나님의 은혜를 거부하는 힘이다. 교만은 삶 전체를 한순간에 무너뜨리고, 파괴하는 힘을 가지고 있다. 그래서 교만한 공동체는 흔들리고 무너질 수밖에 없다.

교만은 힘이 세다

1911년, 영국의 선박회사 화이트 스타사가 750만 달러를 들여 대형 호화여객선 타이타닉호를 만들었다. 배의 무게는 총 46,329톤, 길이는 268.9미터, 선폭은 25.2미터,

높이가 19.66미터로 당시 가장 큰 여객선이었다. 최대 탑승 인원은 2,223명이나 되었으며 배 안에 수영장과 체육관, 테니스장, 사진을 현상할 수 있는 암실, 터키식 증기 목욕탕 등이 갖추어져 있었다. 배가 워낙 커서 배 위에서 길을 잃기 쉬웠고 배는 물 위에 떠다니는 거대한 도시와 같았다.

1912년 4월 10일, 영국에서 출항하여 뉴욕을 향해 북대서양을 항해하고 있던 타이타닉호는 나흘 후인 14일 밤, 빙산과 충돌하고 만다. 출항 오전부터 빙산이 돌아다닌다는 위험한 상황이 선박 사이의 무선통신으로 전해졌으며 14일에는 적어도 6통의 경고를 통신으로 받았다.

캐나다 동부 해안에 이르렀을 때도 해안 통제소로부터 "빙산 주의!"라는 무전을 받았으나 항해사도 대수롭지 않게 생각했고, 2백만 마일 무사고 기록의 스미스 선장도 "하나님이라도 감히 이 배를 어찌할 수 없을 거야. 항해를 계속해!" 하고 명령했다.

이 사고로 탑승객 2,208명 중 1,513명이 목숨을 잃고 695명만이 목숨을 건졌다. 이 세계 최대의 해난사고는 바다가 사람들을 삼킨 것이 아니었다. 교만이 많은 사람의 인생을 집어삼키고 말았다.

교만은 패망의 선봉이요 거만한 마음은 넘어짐의 앞잡이니라

잠 16:18

모든 것을 무너뜨리는 교만은 영양분을 주지 않아도 잘 자란다. 어느 정도 자랐다 싶으면 성장을 멈추는 것도 없다. 교만은 쉼 없이 발전되고 자란다. 브레이크 고장 난 자동차처럼 멈출 생각도 하지 않는다.

교만의 열매는 매우 다양하게 나타난다. 예상할 수도 없고 상상할 수도 없는 열매들이 나타난다. 영국의 성서신학자 윌리엄 바클레이(William Barclay)는 "교만이라는 밭에서 모든 죄의 잡초가 자라난다"라고 했다. 그만큼 교만의 힘이 강력하다는 것이다. 그래서 교만은 방치해서는 안 된다.

인류가 죄로 인해 삶이 깨어진 것은 선악과 사건에서 기인하지만, 단순히 우리의 대표였던 아담과 하와가 선악과 하나를 따먹은 것 때문에 인류의 재앙이 온 것이 아니다. 선악과 하나를 먹은 행위 때문이 아니라 그 행위가 의미하는 것 때문이다. 그 행위가 의미하는 것이 문제이다. 아담과 하와는 자신들이 하나님처럼 되고 싶은 '교만한 마음'을 품었다.

'교만'이 선악과를 따먹은 이유이다. 재앙의 시작은 교만 때문이었다. 교만으로 인류 전체가 모두 죄인이 되었다. 죄

의 근원을 찾아가면 교만이라는 원재료가 있다. 교만으로 우리의 삶에서 기쁨이 사라졌다. 하나님과의 관계가 불편해졌다. 임신의 고통과 출산의 수고, 그리고 노동의 수고가 시작되었다. 급기야 죽음이라는 거부할 수 없는 결과를 맞이하게 되었다. 교만 때문이다.

교만은 사탄이 쓰는 가장 오래되고 가장 자신 있어 하는 무기이다. 아담과 하와를 무너뜨리고 인류를 무너뜨린 것도 교만이기에 사탄은 예수님에게도 교만이라는 무기를 사용했다.

시험하는 자가 예수께 나아와서 이르되 네가 만일 하나님의 아들이어든 명하여 이 돌들로 떡덩이가 되게 하라 **마 4:3**

겸손의 왕 예수 그리스도

교만으로 죄인이 된 우리는 결국 교만에게 참패하며 끝나는 것일까? 교만으로 깨어진 공동체를 보면서 바울은 어떤 해결책을 내놓았을까? 빌립보서 2장 3절에 언급한 '겸손'이라는 처방전이었다. 교만이라는 엄청난 바이러스에 과연 '겸손'이 유일한 백신으로 맞을까? 바울은 확신하듯 한 발짝 더 나아가, 겸손하신 예수 그리스도를 이야기한다. 예수님의 이야기로 우리를 안심시키고 희망을 준다.

너희 안에 이 마음을 품으라 곧 그리스도 예수의 마음이니
빌 2:5

왜 교만의 처방전을 예수 그리스도로 이야기하는가. 우리
가 겸손의 삶을 살아가기 위해 주목해야 할 분이 겸손의 왕
이신 예수님이시기 때문이다. 예수님은 교만의 비참한 결과
들을 짓밟기 위해 이 땅 가운데 오셨다. 교만으로 깨어진 인
류의 역사에 가장 낮은 모습, 가장 겸손한 모습으로 오셨
다. 빌립보서 2장 말씀은 겸손하게 이 땅에 오신 주님을 드
러내준다.

그분은 하나님이셨다. 말구유에 계시면 안 되는 영광스
러운 분이셨다. 그런데 하늘의 왕위를 스스로 버리고 이 땅
에 종의 자리로 성육신하여 오셨다. 멋진 왕복을 벗어버리
고 벌거벗은 죄인으로 오셨다. 멋진 왕의 궁전이 아니라 아
무도 선택하지 않는 말구유에 오셨다.

영광의 상징인 하늘 보좌를 두고 저주의 상징인 십자가
를 선택하셨다. 왕궁 군악대의 팡파르가 아니라 사람들의
야유를 선택하셨다. 멋진 왕관을 뒤로한 채, 누구도 쓰지
않는 가시 면류관을 쓰셨다. 멋진 레드카펫을 밟고 가는 대

신 골고다 언덕을 걸어가며 피로 흥건히 물들이셨다.

그는 연한 순처럼, 마른 땅에서 나온 줄기처럼 주 앞에서 자랐으니 그에게는 풍채나 위엄이 없고 우리의 시선을 끌 만한 매력이나 아름다움도 없다. 그는 사람들에게 멸시와 천대를 받고 슬픔과 고통을 당하는 사람이 되었으니 사람들이 그를 외면하고 우리도 그를 귀하게 여기지 않았다. 사 53:2,3 현대인의 성경

예수님은 하나님의 아들이시지만 기도의 삶을 사셨다. 기도하시는 예수님의 모습이 그분의 겸손함을 증언해준다. "나는 마음이 온유하고 겸손하다"라고 말씀하신 자기 묘사가 정확한 표현이다.

그분은 하나님께서 자기 삶의 주도권을 잡으시는 것을 어색해하지 않으셨다. 그리고 생애에서 가장 중요한 십자가 사건을 앞에 두고 하나님 앞에 온 힘을 다하여 기도하셨다. 십자가의 잔, 고난의 잔 앞에서도 기도함으로 하나님께 주도권을 넘기셨다. 자기 뜻을 고집하는 것이 아니라 하나님의 뜻을 선택하셨다.

예수님은 하나님의 은혜 없이는 십자가를 질 수 없다는 것을 아시고 그 겸손의 자리, 기도의 자리에서 십자가를 지

고 갈 힘과 능력을 공급받으셨다.

십자가의 길은 기도의 자리에서 만들어졌다. 영광스러운 십자가의 삶은 겸손한 기도의 삶에서 시작되었다. 교만으로 온 세상에 재앙이 왔다면, 예수 그리스도는 겸손한 십자가 사건으로 우리의 깨어진 삶, 기쁨이 없는 삶을 역전시키셨다. 겸손의 왕으로 이 땅에 오셔서, 교만 때문에 죄에 빠져 깨어진 인생을 다시 회복하셨다. 교만으로 깨어진 온 세상은 겸손의 왕이신 그분으로 회복되었다.

겸손으로 역전하라

십자가 그늘에서는 절대로 교만이라는 것이 생존할 수 없다. 그래서 바울은 교만으로 깨어지는 내부적 분열 앞에 겸손하신 예수 그리스도를 이야기하는 것이다. 겸손은 승리하신 주님의 십자가 방법이므로 성도는 날마다 겸손의 왕이신 예수 그리스도를 기억하고 겸손해야 한다. 겸손은 성도가 붙잡아야 할 보물이고 무기이다.

C. S. 루이스는 "겸손하고 싶다면 가장 먼저 자신이 자만하고 있다는 것을 깨달아야 한다. 스스로 교만하지 않다고 생각하면 사실은 매우 교만한 것이다"라고 말했다. 우리는 모두 교만의 씨앗을 가지고 태어난다. 그러므로 교만을 버

리려고 날마다 씨름해야 한다. 철저하게 버려야 한다. 교만을 버리지 않으면 겸손의 왕이신 예수님을 버리기 때문이다. 교만을 버리지 않으면 겸손의 왕으로 오신 하나님을 잊어버리게 된다.

그들이 먹여준 대로 배가 불렀고 배가 부르니 그들의 마음이 교만하여 이로 말미암아 나를 잊었느니라 호 13:6

빌립보서 2장 9-11절에 따르면 하나님은 겸손하신 예수님을 지극히 높여 하늘에 있는 자들과 땅에 있는 자들이 그의 이름에 무릎 꿇게 하시고 모든 입으로 예수 그리스도를 주로 고백하게 하신다. 그래서 우리의 관심사는 오직 스스로 낮아지는 것, 그것이어야 한다. 겸손한 사람을 높이는 것은 하나님의 관심사이기 때문이다.

교만한 사람은 절대로 기도하지 않는다. 아니 기도할 수 없다. 하나님의 은혜가 없어도 자신이 다 할 수 있다고 생각하므로 하나님 앞에 기도하지 않는다. 자신의 열심과 노력으로도 잘살 수 있다고 생각하기에 기도의 시간은 뒤로 밀려난다. 자신의 열심히 행하는 시간이 언제나 우선순위에 자리하고 있다. 이것이 교만한 자의 특징이다. 교만이나 허영심에 사로잡혀 있는 한 결코 기도할 수 없다.

신학을 집대성했다고 평가받는 어거스틴(Augustine)은 AD 410년경 알렉산드리아의 주교에게 보낸 편지에서 "신앙의 첫 번째 부분은 겸손입니다. 둘째도 겸손입니다. 셋째도 겸손입니다. 나는 그대가 신앙의 방향을 물어볼 때마다 다시 반복하여 강조하려고 합니다. 다른 교훈을 줄 것이 없어서가 아닙니다. 겸손이 앞서가지 않고는 교만이 우리의 손에서 모든 것을 빼앗아 가버리기 때문입니다"라고 말했다.

연약한 자녀의 외침을 외면할 부모는 없다

하나님은 선악과를 통하여 겸손의 안전장치를 해주셨다. 에덴동산에서 가장 아담과 하와가 행복하게 살 방법을 가르쳐주신 것이다. 하나님은 선악과를 통해서 인간에게 그들이 누구인지 끊임없이 가르쳐주기를 원하셨다. 선악과를 보며 인간은 언제나 겸손하게 낮추어야 할 피조물임을 깨달아야 했다.

피조물인 우리는 창조주 하나님 앞에 겸손의 모습으로 주님 앞에 서 있어야 하는 존재이다. 그리스도인에게 있어서 겸손은 있으면 좋고, 없어도 되는 그런 것이 아니다. 반드시 있어야 하는 것이다.

성도의 겸손은 어디서 드러날까? 기도의 자리를 보면 알 수 있다. 많은 방법으로 겸손을 정의할 수 있겠지만 겸손의 증거는 기도이다. 기도의 자리가 그에게 있다면 그는 하나님 앞에서 겸손한 자이다. 그러나 기도의 자리가 없고 기도의 자리를 떠나 산다면 그는 교만한 자이다.

겸손한 자는 아무리 바빠도 기도의 자리를 만들어낸다. 바쁠수록 기도의 시간을 확보한다. 그 기도의 시간이 없이는 살아갈 수 없기 때문이다. 가장 겸손한 삶, 기도의 삶으로 가자. 끝까지 겸손한 하나님의 백성으로 기도의 사람으로 살아가길 소망한다.

우리집 아이들이 가장 많이 외치는 단어는 '엄마'와 '아빠'이다. 무슨 일만 있으면 엄마, 아빠를 부른다. 옷에 무엇이 묻어 있을 때도, 배가 고플 때도, 자신의 모든 필요 앞에서 엄마, 아빠를 큰소리로 부른다. 외치는 소리를 듣고 아이에게 달려가 보면 자기가 못하겠다는 것이다. 자신이 연약하다고 고백하는 아이 앞에 외면할 부모가 어디 있겠는가? 기도는 우리의 한계를 인정하는 외침이요, 그래서 하나님이 필요하다는 진실된 고백이다.

나 또한 나의 성격은 소심한 트리플 A이다. 부끄러움이 많아서 사람들에게 먼저 인사하는 것도 부담이고, 특히 앞에 나서는 것은 언제나 부담이 된다. 그런데 내가 소리를 지를 때가 있다. 예수 그리스도를 전할 때와 기도할 때이다.

내가 연약한 존재임을 알기에 하나님 아버지를 외쳐 부른다. 나의 기도를 들으시는 분이 하나님이심을 알기에 간절함이 일어난다. 내 아들들이 나를 부를 때 기꺼이 그 아이들을 향하는 내 마음 이상으로 나를 향하실 하나님의 마음을 믿기에 담대히 그분을 부르고 외친다. 한계를 인정하는 외침을 통해 우리는 은혜를 누리게 된다.

내 기도의 주어는 나인가 하나님인가

누가복음 18장에서 성전에 올라간 바리새인과 세리의 고백을 보라. 바리새인은 겉으로는 기도하는 자세를 취하고 거룩한 장소에서 거룩하신 하나님의 이름을 부르며 거룩한 시간을 보냈다. 하지만 그의 기도는 참된 기도가 아니었다. 자신을 더욱 드러내고 싶은 욕구에 불과했다. 그는 자신이 토색, 불의, 간음 등을 범하지 않았다고 늘어놓고, 일주일에 두 번 금식한 것과 소득의 십일조를 바친 것 등 자신의 특별한 경건 행위를 열거했다. 자신의 열심으로 율법을 성취한 것을 자랑스럽게 드러냈다.

그런 바리새인의 기도와는 대조적으로, 세리는 멀리 서서 감히 하늘을 우러러보지도 못하고 가슴을 치면서 자신을 '죄인'으로 고백하고 하나님의 자비를 호소했다. "하나님이여, 이 죄인을 불쌍히 여기소서!"라고 기도했다.

두 사람이 똑같이 성전에 올라갔고 둘 다 기도를 드렸지만 기도의 태도는 달랐다. 그래서 한 사람의 기도는 주문이 되었고 한 사람의 기도는 주님이 주목하시는 기도가 되었다. 한 사람의 기도는 주님이 외면하시는 고백이 되었고 한 사람의 기도는 주님이 기뻐하시는 고백이 되었다.

이유가 뭘까? 바리새인의 기도는 길고 화려했어도 그 기도의 주어는 계속 '나'였다. 반면에 세리의 기도는 주어가 오직 '하나님'이었다.

교만한 사람 안에는 하나님이 없고 오직 자신만이 존재한다. 교만의 속성은 자신이 하나님이 되어 존재하는 것이기에 교만은 하나님을 짓밟아버린다. 하나님은 교만한 사람도 겸손한 사람도 그냥 대하지 않으신다.

… 하나님이 교만한 자를 물리치시고, 겸손한 자에게 은혜를 주신다 하였느니라 **약 4:6**

날마다 겸손의 옷을 입고 살아야 살 수 있다. 즉 기도의 옷을 입고 살아야 한다. 하나님의 도움 없이는 한 발짝도 살아갈 수 없는 존재가 우리이다. 하나님은 침 삼킬 동안에도 우리를 돌보고 계신다. 하나님의 돌보심이 없다면 우리의 존재는 없다. 그래서 우리의 기도는 멈추어서는 안 된다.

겸손의 자리는 기도의 자리

현대 선교의 아버지라 불리는 윌리엄 캐리(William Carrey)는 42년 동안 인도 선교에 자신의 삶을 바쳤다. 그는 인도에 가서 복음을 전하면서 성경을 25개의 인도 방언으로 번역했고, 선교학교 설립, 교회 설립, 목회자 양성 등 위대한 선교 업적을 많이 남겼다.

그는 그러한 사역의 비결로 늘 자신의 여동생 메리를 이야기했다. 메리는 25세에 몸에 마비증세가 와서 50년 동안 병실에서 투병 생활을 했는데, 선교를 위해 떠나는 오빠에게 한 가지 약속을 했다고 한다. 물질이나 다른 도움으로 후원할 수 없지만, 캐리의 선교를 위해 평생 중보기도의 동역자가 되겠다는 약속이었다.

메리는 날마다 오빠를 두고 기도하고 또 기도했다. 하나님은 자리에 누운 메리의 기도를 통해 온 열방을 무대 삼아 일하셨다. 마치 모세가 손을 들면 이스라엘이 이기고 모세가 손을 내리면 아말렉이 이기는 신기한 전쟁처럼, 메리의 중보기도가 캐리의 사역에 놀라운 원동력이 된 것이다.

성도의 겸손은 어디서 드러날까? 기도의 자리를 보면 알 수 있다. 많은 방법으로 겸손을 정의할 수 있겠지만 겸손의 증거는 기도이다. 기도의 자리가 그에게 있다면 그는 하나님 앞에서 겸손한 자이다. 그러나 기도의 자리가 없고 기도의 자리를 떠나 산다면 그는 교만한 자이다.

우리가 아무것도 할 수 없어서 기도하고 있는 그 자리가 실은 가장 위대한 자리이다. 자신이 타락한 존재인 것을 인식하고 끝까지 하나님만 붙잡고 있는 그 기도의 자리가 성공의 자리이다. 끝까지 겸손한 하나님의 백성으로 기도의 사람으로 살아가길 소망한다.

하나님은 겸손한 사람을 쓰신다. 가장 겸손한 사람은 기도의 자리에서 하나님을 바라보는 사람이다. 겸손한 사람은 기도한다. 겸손이 없으면 기도도 없다. 겸손은 참된 기도에 반드시 필요한 요건이다. 겸손은 기도의 생명을 유지하는 힘이다. 가장 겸손한 삶, 기도의 삶으로 다시 돌아가자.

11

연약한 자의 기도도 괜찮다

누가복음 18장 1-7절

1 예수께서 그들에게 항상 기도하고 낙심하지 말아야 할 것을 비유로 말씀하여 2 이르시되 어떤 도시에 하나님을 두려워하지 않고 사람을 무시하는 한 재판장이 있는데 3 그 도시에 한 과부가 있어 자주 그에게 가서 내 원수에 대한 나의 원한을 풀어주소서 하되 4 그가 얼마 동안 듣지 아니하다가 후에 속으로 생각하되 내가 하나님을 두려워하지 않고 사람을 무시하나 5 이 과부가 나를 번거롭게 하니 내가 그 원한을 풀어주리라 그렇지 않으면 늘 와서 나를 괴롭게 하리라 하였느니라 6 주께서 또 이르시되 불의한 재판장이 말한 것을 들으라 7 하물며 하나님께서 그 밤낮 부르짖는 택하신 자들의 원한을 풀어주지 아니하시겠느냐 그들에게 오래 참으시겠느냐

아빠, 기도하러 왔어요

어린이날이 되면 아이들은 언제나 하늘을 걸어 다니는 것처럼 기분이 좋다. 많은 용돈과 선물을 받으며 축복과 격려를 받는 날이기 때문이다. 어느 어린이날, 큰아이가 친척들에게 많은 용돈을 받았다. 처음에는 용돈 5만 원을 자랑하고 싶어 손에 들고 다니더니 나중에는 돈을 꼭꼭 숨기려고 휴대폰 케이스에 넣어두었다.

그런데 휴대폰을 잃어버리면서 케이스에 넣어둔 5만 원까지 몽땅 잃어버리고 말았다. 아이는 폰과 용돈을 찾으려고 친척 꼬마들과 함께 온 동네를 뒤지기 시작했다. 아이들이 이리 갔다 저리 갔다 하니 동네에 일이 생긴 것처럼 보여서 동네 어른들이 아이들에게 무슨 일인지 묻기도 하셨고,

이야기를 들은 동네 할머니들까지 안타까워 함께 놀이터와 풀숲을 뒤지며 이리저리 찾기 시작하셨다.

그러는 와중에 큰아이가 계속 집으로 들어왔다 나갔다 하기를 반복했다. 돈은 찾지 않고 왜 집에 들어왔다가 나가느냐고 물어보니 "아빠, 기도하러 왔어요"라고 대답했다. 찾다가 집에 와서 기도하고 나가고, 또 찾다가 다시 집에 와서 기도하고 나가기를 17번, 결국 돈과 휴대폰을 찾아 이리저리 다니는 아이들과 어르신들의 모습이 아파트 경비 아저씨의 눈에 들어왔다. 모른 척할 수 없었던 경비아저씨는 발 벗고 나서서 함께 찾아보다가 아파트 전체에 방송을 해주셨고 덕분에 아이는 마침내 휴대폰과 돈을 찾을 수 있었다.

어린아이의 기도에 담긴 간절함의 힘을 보게 되는 순간이었다. 찾는 순간 아이들은 모두 소리를 지르며 기뻐했다. 큰아이는 잃은 것을 찾은 기쁨도 기쁨이지만 간절한 기도의 능력을 경험한 사건이었다.

아이가 잃은 것을 되찾는 모습을 보면서 어쩌면 내가 가장 큰 기쁨의 소리를 질렀던 것 같다. 부모인 내가 그 모든 과정을 보면서 간절한 기도의 위력을 경험했고, 하나님께 간절히 기도하는 어린 아들의 모습을 보며 하나님 아버지 앞에서 기도하는 내 모습을 돌아보게 되었다. '나는 어떤 태도와 마음으로 하나님께 기도하고 있는가? 또한 하나님 앞에 기도하고 있는 내 모습을 보며 하나님은 어떤 생각을 하실까?' 많은 생각이 스쳐 가는 시간이었다.

아무것도 할 수 없는 연약한 자에게 간절함은 가장 소중한 것이다. 하나님은 우리의 소원에 관심을 가지고 계시는 분이기 때문이다. 하나님은 우리의 기도에만 귀 기울이고 계시는 분이다. 하나님은 우리 마음의 간절한 소원을 아시고 그 소원을 이루어주시기를 원하신다. 부모가 자녀의 필요를 알고 채워주는 것처럼 하나님은 우리가 하나님의 뜻 안에서 가진 소원을 이루도록 도우시는 분이다. 그래서 결코 우리의 간절한 소원을 외면하지 않으신다.

또 여호와를 기뻐하라 그가 네 마음의 소원을 네게 이루어주시리로다 시 37:4

기도의 나비 효과

간절한 기도는 하나님을 움직이는 힘이 있다. 그래서 조지 휫필드(George Whitefield) 목사님도 제일 먼저 하루의 생활을 점검할 때 "나는 오늘도 열렬히 기도했는가?"로 자기 영혼의 건강을 점검했다.

이런 의미에서 기도는 사건을 일으키는 원인이다. 미국의 기상학자 에드워드 로렌츠(Edward Norton Lorenz)는 1961년 "브라질에 서식하는 나비 한 마리의 날갯짓이 미국 텍사스에 토네이도를 일으킬 수 있다"라며 '나비 효과'(Butterfly Effect)라는 이론을 발표했다. 나비의 단순한 날갯짓처럼 미세한 변수로도 기상현상에서는 엄청난 변화가 일어날 수 있다는 이론으로, 일반적으로는 작고 사소한 사건 하나가 나중에 커다란 효과를 가져온다는 의미로 쓰인다.

기도는 이런 것이다. 작은 입술이 움직여지는 순간 위대한 일이 시작되고 엄청난 사건이 일어난다. 기도는 언제나 사건의 원인이 된다.

너희 사방에 남은 이방 사람이 나 여호와가 무너진 곳을 건축하며 황폐한 자리에 심은 줄을 알리라 나 여호와가 말하였으니 이루리라 주 여호와께서 이같이 말씀하셨느니라 그래도 이스라엘 족속이 이같이 자기들에게 이루어주기를 내게 구하여야 할지라 내가 그들의 수효를 양 떼같이 많아지게 하되 겔 36:36,37

빌리 그레이엄 목사님은 "기도 없는 그리스도인은 능력 없는 그리스도인이다"라고 말했다. 기도는 언제나 최후의 수단이 아닌 최초의 수단이 되어야 한다. 그래서 믿음의 사람들은 기도의 삶을 끝까지 지켜나갔다. 바울도, 베드로도, 다니엘도, 느헤미야도 많은 믿음의 사람들은 전투병이 전투하듯 기도했다. 목숨 걸고 기도했다. 예수님도 마찬가지이셨다.

> 예수께서 힘쓰고 애써 더욱 간절히 기도하시니 땀이 땅에 떨어지는 핏방울같이 되더라 눅 22:44

전투적으로 기도하신 이유는 딱 하나이다. 기도의 능력을 알고 계셨기 때문이다.

자신의 연약함을 기대하라

어떤 도시에 하나님을 두려워하지 않고 사람을 무시하는 한 재판장이 있었다. 그런 재판장에게 자꾸만 한 사람이 찾아왔다. 그 사람은 과부였는데 자꾸만 재판장에게 찾아가서 자신의 원한을 풀어달라고 했다. 결국 재판장은 귀찮아서 그 원한을 들어주었다. 누가복음 18장 1-5절에 나온 비유의 내용이다. 이 재판장과 과부의 비유를 통하여 예수님은 기도의 어떤 성공 공식을 말씀하고 계시는가?

"주께서 또 이르시되 불의한 재판장이 말한 것을 들으라"라는 6절 말씀을 보면 예수님은 불의한 재판장의 말이 중요하다는 것을 말씀하셨다. 불의한 재판장이 말한 것이 무엇인가?

> 이 과부가 나를 번거롭게 하니 내가 그 원한을 풀어주리라 그렇지 않으면 늘 와서 나를 괴롭게 하리라… 눅 18:5

재판장을 끝까지 괴롭힌 한 과부에 집중해야 한다. 왜 하필 과부를 등장시켜서 비유를 들어주셨을까? 과부는 어떤 사람인가? 구약을 살펴보면 과부는 보호해야 할 대상이다 (출 22:22; 신10:18; 욥 22:9; 렘 22:3 참조).

전도사 시절 한 성도님이 교역자실에 오셔서 비싼 금붕어라고 하시며 금붕어를 주고 가셨다. 꼬리와 몸의 무늬가 얼마나 화려하던지 눈을 뗄 수 없을 만큼 아름다웠다. 금붕어를 접시 어항에 넣고 한참을 구경했다. 며칠이 지났다. 이 아름다운 금붕어의 배가 하늘로 향해 있었다. 어항에 너무 많은 금붕어가 있었다. 금붕어는 아무리 화려해도 돌봐주지 않으면 스스로 살아남을 수 없는 존재였다.

예수님 당시의 과부들도 마찬가지였다. 고아와 과부는 의탁할 곳이 없고 무력한 자의 표본이다. 아무것도 할 수 없는, 누군가를 의지할 수밖에 없는 사람이다. 그래서 과부가 한 행동이 무엇인가? 5절에서 '늘'이라는 단어를 주목해야 한다.

… 그렇지 않으면 늘 와서 나를 괴롭게 하리라 하였느니라

'늘'이라는 단어에는 '목적이 달성될 때까지'의 의미가 들어 있다. 과부가 재판장을 끝까지 찾아가는 이유가 무엇인가? 자신은 아무것도 할 수 없는 사람이기 때문이다. 보호와 돌봄 없이는 살아갈 수 없는 과부이기에 과부는 재판장을 자꾸만 찾아갈 수밖에 없었다.

과부는 자신에 대한 한계를 발견했다. 자기 자신에 대한 인식이 분명했다. 간절함의 시작, 절박함의 출발점은 자신의 한계를 발견한 그 지점이다. 이것이 재판장을 끝까지, 목적이 달성될 때까지 찾아간 이유이다.

나의 무능함을 인정할 때 유능하신 하나님의 은혜를 경험하게 된다. 기도를 하는 자신에 대한 분명한 인식이 있어야 하고, 이것이 기도의 출발점이 되어야 한다. 나 자신에게는 어떠한 능력도 없다는 것을 확실히 알고 인정하지 않는다면 하나님으로부터 어떠한 능력도 받을 수 없다.

지금 아무것도 할 수 없이 연약한 자신만 눈에 보이는가?

그렇다면 주님께만 나아가자. 약함의 그 순간이 가장 큰 축복의 순간이다.

아무것도 할 수 없을 때

한 동료 목사님이 결혼 후 아주 오랜 시간이 흐른 뒤에 귀한 자녀를 얻었는데 그 아이가 그만 낭성섬유종이라는 희귀 난치병에 걸렸다. 유전자에 결함이 생겨 나타나는 질환으로 우리나라에 환자가 몇 명 없는 병이다. 주로 폐와 소화기관에 영향을 미치며, 현재까지는 확실한 치료법이 없다고 알려져 있다. 이 병의 증상으로는 발육 부진, 복부 팽만, 만성적인 기침과 무호흡의 위험 등이 있다.

병에 걸린 아이는 잘 자라지 못하고 몸무게도 정상 범위에 미치지 못했다. 장에서 영양분의 흡수가 잘 이루어지지 않아 많은 영양분과 지방이 변으로 빠져나갔다. 아이의 상태가 위급해지면 사모님이 단체 기도방에 기도 제목을 올렸다. 한 번은 이런 글이 올라왔다.

"아무것도 할 수가 없습니다. 아무것도"

그런데 아무것도 할 수 없는 그때 하나님께서 역사하셨

다. 각종 기독교 방송을 통하여 물질이 채워지고 수술과 치료를 시작할 수 있었다. 기도의 후원자들이 세워졌다.

응답이 되는 기도의 시작은 분명하다. 우리가 누구인지 알고 주님이 누구인지 알면서부터이다. 병상에 누워서 하는 기도도 괜찮다. 문법이 틀린 어린아이의 기도도 상관없다. 지난주에 처음 교회에 나온 성도의 기도도 괜찮다. 임종을 앞에 두고 힘없이 작게 드려지는 기도도 괜찮다. 연약한 자의 기도도 괜찮다. 역사의 주인이신 하나님, 위대하신 하나님이 들으시기 때문이다.

당신은 자기 자신에 대한 인식이 있는가? 자신이 하나님의 도우심이 없이는 살아갈 수 없는 연약한 존재라는 것을 느끼고 있는가? 철저하게 피조물의 자리에 있는가? E. M. 바운즈 목사님은 "이 세상에서 하나님을 위해 가장 많은 일을 한 사람은 일찍 하나님 앞에 무릎 꿇은 사람이다"라고 말했다. 하나님은 아무것도 할 수 없어서 하나님께 나온 사람을 결코 외면하지 않으신다. 우리가 약할 때 강함 되시는 주님, 우리의 연약함을 통해 역사하실 하나님을 기대하자.

네가 부를 때에는 나 여호와가 응답하겠고 네가 부르짖을 때에는 내가 여기 있다 하리라 사 58:9

문제 대신 하나님이 어떤 분이신지를 묵상하라

이 과부는 재판장을 향해 "나의 원한을 풀어주소서"라고 말한다. 과부가 재판장에게 계속 문을 두드려 대는 이유가 있다. 재판장만이 자신을 도울 수 있다는 확신 때문이다. 재판장의 권위와 능력에 대한 신뢰 때문이다. 자신은 못 해도 재판장은 할 수 있다고 믿기 때문에 자신의 원한을 풀어달라고 매달리는 것이다.

3절에 나오는 "가서"라는 단어는 '끊임없이 되풀이하다'라고 하는 반복적인 의미를 나타낸다. 재판장이 어떤 능력을 가지고 있는지를 아니까 그를 계속해서 반복적으로 찾아간 것이다. 과부는 재판장을 재판장으로 보는 눈이 있었다. 그래서 무시당해도, 피곤해도, 아파도, 인간 취급을 못 받아도 간청의 자리로 나아간 것이다. 그때 기도의 응답이 있었다.

인간의 생각 중에 가장 고약하고 하나님을 가장 마음 아프시게 하는 것은 내가 못 한다고 해서 하나님도 못 한다고 생각하는 것이다. 내가 부족할 것 같으니 하나님도 부족할 것 같다고 생각하는 것이다.

기도를 들으시는 하나님에 대한 인식은 기도하는 사람에게 매우 중요한 부분이다. 포기하지 않고, 그래서 응답받는 기도는 하나님에 대한 인식에서부터 시작된다. 그래서 우리는 문제를 묵상하는 자가 아니라 하나님이 어떤 분이신가를 깊이 묵상하는 자가 되어야 한다.

우리에게 하나님은 어떤 분이신가? 우리의 기도를 들으시는 하나님께는 암이나 감기나 동일하다. 우리의 기도를 들으시는 분은 죽은 자도 단번에 일으키시는 왕중왕이시다. 세상을 창조하고 세상 만물을 다스리는 하나님이시다.

보이저 1호(Voyager 1)는 1977년에 발사되어 현재까지 작동하고 있는 나사(NASA, 미국항공우주국)의 태양계 무인 탐사선이다. 1990년 2월 14일, 당시 책임자였던 칼 세이건(Carl Sagan) 박사는 보이저 1호의 카메라를 지구 쪽으로 돌려 지구를 촬영하자고 제안했다.

그렇게 찍힌 지구는 작은 점 하나로 나타났다. 거대한 지구가 하나의 점에 불과했다. 칼 세이건의 표현을 빌리면 "우리를 둘러싼 거대한 우주의 암흑 속에 있는 외로운 하나의 점"이었다. 이것을 통하여 얼마나 하나님이 광대하며 위대하신지 알 수 있게 된다. 훗날 칼 세이건은 자신의 저서 《창백한 푸른 점》(The Pale Blue Dot)에서 "지구는 광활한 우주에 떠 있는 보잘것없는 존재에 불과함을 사람들에게 가르쳐주고 싶었다"라고 밝혔다.

우리는 하나님이 너무 크셔서 그분을 파악할 수 없는 존재이다. 하나님은 온 우주보다 크신 분이다. 우리의 근심보다 문제보다 더 크시다. 어떤 설교가도 하나님이 얼마나 크신지 설교할 수 없다. 글로 나타낼 수도 없다. 단지 하나님을 정확하게 표현할 수 없는 한계를 인정해야만 한다. 그것이 사람이다. 그래서 우리는 다만 그분께 기도할 뿐이다.

> 이는 하늘이 땅보다 높음같이 내 길은 너희의 길보다 높으며 내 생각은 너희의 생각보다 높음이니라 사 55:9

평범한 우리가 특별한 하나님을 드러내는 기도

휴가 기간을 사용해서라도 여름마다 선교지에 나가는 친구 목사님이 있다. 그 해에도 그는 몇몇 성도들과 오지로 선교를 갔다. 한국에서 귀한 능력의 목사님이 오셨다고 많은 환자가 몰려와 한 사람씩 기도를 받고 돌아갔다.

그런데 문제가 생겼다. 몇 사람이 어렸을 적부터 걷지 못하는 사람을 데려와서 목사님에게 기도를 부탁했다. 성경에 나오는 것처럼 '나면서부터 못 걷는 사람'(행 3:2, 새번역)이었다. 많은 사람이 지켜보고 있었다. 주변의 성도들도 침을 삼키며 지켜보고 있었다.

목사님은 속으로 '내가 지금 기도한다고 해서 평생을 앉아 있던 자가 일어나겠어? 나는 치유의 은사가 없는 사람이야!' 하고 근심하며 기도를 시작했다. 이제 기도가 끝이 나면 사람들이 나를 어떻게 생각할까 두려움이 엄습해 더욱 간절히 기도했다.

눈물의 기도를 하고 눈을 떴을 때, 나면서부터 걷지 못했다는 그 사람이 자리에서 처음으로 일어났다. 가족과 주변 사람들은 난리가 났다. 한국에서 함께 선교를 간 성도들도 살아계신 하나님을 경험하고 놀라워했다. 그런데 가장 놀란 사람은 따로 있었다. 바로 기도한 목사님 본인이었다. 기도는 특별한 사람이 하는 것이 아니다. 기도는 특별한 하나님을 드러내는 것이다.

기도는 하나님의 능력을 붙잡는 손이다. 기도는 흔들리는 세상 속에서 우리를 붙잡아주는 안전벨트요, 캄캄한 어둠 속에서도 하나님을 볼 수 있는 거울이다. 그래서 기도는 아침을 여는 열쇠가 되어야 하며 저녁을 닫는 자물쇠가 되어야 한다.

약한 것이 문제가 아니다. 연약한 우리가 기도하지 않는 것이 더 큰 문제이다. 연약할수록 기도해야 한다. 더욱 하나님께 엎드려야 한다. 그럴 때 우리의 약함은 강함으로 역전될 것이다. 연약한 사람이라 할지라도 그 사람이 기도의 사람이라면 그 사람은 세상에서 가장 강력한 사람이 될 것이다. 세상의 주인이신 하나님이 연약한 자의 작은 신음에도 여전히 귀를 기울이고 계시기 때문이다. 세상에서 가장 연약한 자도 괜찮다. 우리의 기도를 들으시는 하나님은 결코 연약한 분이 아니시다.

기도의 손이 기적의 손을 만든다

미국에 소냐 카슨이라는 흑인 여성이 있었다. 고아로 자란 그녀는 초등학교도 졸업하지 못하고 13세에는 로버트 카슨과 결혼해 두 아들을 낳았으나 남편이 유부남으로 이중결혼을 했다는 것을 알게 되어 이혼했다. 그녀는 절망 중에 몇 번이나 자살하려고 했으나 예수님을 만나면서 새로운 삶을 살게 되었다.

새 삶이 시작되었지만 환경은 쉽게 나아지지 않았다. 항상 꼴찌만 하던 작은아들 벤이 11세 때 친구와 말다툼 끝에 칼로 친구의 배를 찌른 사건이 있었다. 다행히 친구는 죽지 않았으나 벤은 학교에서 살인미수자로 낙인찍혔다.

그래도 소냐 카슨은 희망을 잃지 않았다. 아이가 없을 때는 눈물로 하나님께 기도하고 아이가 있을 때는 웃으면서 "잘할 수 있어! 힘들면 하나님께 기도해! 하나님께서 반드시 너를 도와주실 거야!"라고 아이를 위로했다.

소냐의 기도로 결국 아들도 예수님을 믿게 되었고 그에

게 꿈과 비전이 생겼다. 그러자 공부할 마음이 생겼고 공부할 지혜와 집중력도 생겼다. 그는 예일대학 심리학과와 미시건대학 의학부를 졸업하고 30대 초반의 젊은 나이에 세계 최고의 병원인 존스 홉킨스 대학병원의 소아외과 과장이 되었다.

그가 1987년에 세계 최초로 머리와 몸이 붙은 샴쌍둥이 수술에 성공한 벤 카슨(Ben Carson)이다. 이 수술로 그는 세계에서 가장 위대한 의사 5명 중 한 명이 되었고 '신의 손'(Gifted hands)이라는 별명을 얻었다. 그는 지금도 수술에 들어갈 때마다 먼저 하나님께 기도한다고 한다.

'기도의 손'은 '기적의 손'을 만든다. 그 기도의 손은 어떻게 시작되었나? 벤 카슨의 어머니는 자신이 자녀를 키울 수 없는 무능함을 알았다. 하지만 하나님은 가장 능력 있는 분이심을 믿었기에 기도의 끈을 놓지 않고 간절한 기도, 절박한 기도를 드렸다. 그녀의 기도는 가장 위대한 기도가 되어 하나님이 응답하셨다.

영국의 청교도 설교자이자 신학자인 토마스 왓슨(Thomas Watson) 목사님은 "기도는 세계를 움직이는 손을 움직이게 한다"라고 말했다. 우리가 기도할 때 창조주 하나님이 움직이신다. 그러므로 피조물인 인간이 할 수 있는 가장 위대한 일은 기도이다.

기도는 가정을 위해, 사랑하는 자녀를 위해, 교회를 위해, 믿음의 동역자들을 위해, 그리고 고통당하고 있는 온 열방과 이웃을 위해 할 수 있는 가장 위대한 일이다. 오늘도 우리의 기도를 들으시는 하나님께 다시 기도를 시작하자. 서툴고 어눌한 기도라 할지라도 기도를 멈추지 말자. 어떤 순간에도, 마지막 남은 호흡까지도.

CHAPTER

12
기도를 멈추면 삶이 멈춘다

역대하 16장 7-9절

7 그때에 선견자 하나니가 유다 왕 아사에게 나와서 그에게 이르되 왕이 아람 왕을 의지하고 왕의 하나님 여호와를 의지하지 아니하였으므로 아람 왕의 군대가 왕의 손에서 벗어났나이다 8 구스 사람과 룹 사람의 군대가 크지 아니하며 말과 병거가 심히 많지 아니하더이까 그러나 왕이 여호와를 의지하였으므로 여호와께서 왕의 손에 넘기셨나이다 9 여호와의 눈은 온 땅을 두루 감찰하사 전심으로 자기에게 향하는 자들을 위하여 능력을 베푸시나니 이 일은 왕이 망령되이 행하였은즉 이 후부터는 왕에게 전쟁이 있으리이다 하매

의존적 존재

〈캐스트 어웨이〉(Cast Away, 2000)라는 영화에서 주인공인 척 놀랜드는 비행기 추락 사고로 무인도에서 혼자 살게 된다. 외롭고 따분한 시간을 보내고 있던 어느 날 파도에 떠밀려온 배구공을 발견한 그는 이 공을 어떤 용도로 사용할까 고민하다가 배구공에 사람의 눈, 코, 입 모양을 그려 넣고 '윌슨'이라는 이름도 지어준다. 윌슨은 무인도에서 혼자 살아가는 그에게 유일한 친구가 되었다.

4년이 지난 후 뗏목을 만들어 무인도를 탈출하던 그는 실수로 윌슨을 바다에 빠뜨렸다. 떠내려가는 윌슨을 구하려 했지만 너무 멀리 떠내려간 윌슨을 구하기에는 역부족이었다. 척은 저 멀리 사라져가는 윌슨을 부르며 "윌슨, 윌슨,

미안해. 정말 미안해" 하고 통곡했다. 이 영화를 보면서 인간은 결코 혼자 살아갈 수 없고 무엇인가를 의지해야 하는 존재라는 것을 새삼 깨달았다.

하나님은 인간을 창조하실 때 의존적인 존재로 창조하셨다. "내가 그를 위하여 돕는 배필을 지으리라…"(창 2:18)라는 말씀은 인간은 누구의 도움이 필요한 존재라는 증거가 된다. 한자 '사람 인'(人) 자도 한 사람이 다른 한 사람에게 기대어 서로 의지하는 모습이다. 가정에서 아내는 남편을 의지하고 남편은 아내를 의지한다. 부부만 서로를 의지하는 게 아니고 인간의 모든 관계가 의지의 관계이다.

아기가 태어날 때만 보아도 우리가 어떤 존재인지 알 수 있다. 인간은 사슴이나 소처럼 태어나자마자 제힘으로 벌떡 일어나거나, 태어난 지 몇 분 만에 부모를 바로 따라다니며 자력으로 먹이를 구하지 못한다. 인간은 신생아의 탯줄을 누군가가 끊어주어야만 하고, 머금고 있는 입안의 양수와 이물질을 누군가가 제거해주지 않으면 숨통조차 혼자 힘으로 열 수 없는 취약한 존재이다.

인간의 의지는 영유아 시기에만 국한되지 않는다. 노년기에 접어들면 기력이 떨어지면서 철저하게 이웃과 자녀, 배우자를 더욱 의지해야 한다. 참 아이러니한 순간을 겪었다. 어릴 때 부모님을 의지했다. 옷 입는 것부터 무엇을 하든지,

일어나는 순간부터 잠이 드는 순간까지 모든 것을 의지하고, 대학을 갈 때도 부모님의 의견에 귀를 기울였다. 그런데 어느 날 부모님의 전화가 왔는데 집안일에 대해 의견을 물어보시며 나를 의지하기 시작하시는 거였다. 묘한 기분이 들었다. 그 순간을 잊을 수가 없다.

인간은 어렸을 때는 부모님을 의지하고, 나이가 들면 그 부모는 자신을 의지했던 자녀를 의지한다. 인간의 중요한 특징은 '의존성'이다. 태어나면서부터 생의 마지막 순간까지 인간은 돌봄을 받아야 한다. 그것이 인간이다. 한마디로 돌봄으로 시작해서 돌봄으로 끝나는 것이 인간의 일생이다.

무엇을 의지할 것인가?

인간이 무엇인가를 의지하며 살아가야 하는 존재라면 그런 인간에게 '무엇을 의지할 것인가?'의 문제는 가장 중요하다. 뭔가를 의지하려고 끊어질 줄을 잡으면 떨어지고 썩은 나무에 기대면 넘어진다. 그래서 의지할 대상은 완전하고 영원해야 하며 그 기준은 분명해야 한다. 영원이라는 단어를 사용할 수 있는 대상은 하나님 한 분뿐이시다.

영원하신 하나님이 네 처소가 되시니 그의 영원하신 팔이 네

아래에 있도다 그가 네 앞에서 대적을 쫓으시며 멸하라 하시
도다 신 33:27

… 다니엘의 하나님 앞에서 떨며 두려워할지니 그는 살아 계
시는 하나님이시요 영원히 변하지 않으실 이시며 그의 나라
는 멸망하지 아니할 것이요 그의 권세는 무궁할 것이며 단
6:26

무엇보다 의지의 대상은 변함없어야 한다. 모든 것은 다
변하지만 예수님만은 변함이 없는 분이시다.

예수는 영원히 계시므로 그 제사장 직분도 갈리지 아니하느
니라 히 7:24

예수 그리스도는 어제나 오늘이나 영원토록 동일하시니라 히
13:8

모든 조건을 충족하는 분은 예수 그리스도밖에 없다. 그
분은 마르지 않는 샘이요, 시작도 끝도 없는 분이시다. 그
분은 회전하는 그림자도 변함도 없는 분이시다. 그렇다면
예수님만이 유일한 의지의 대상이요 우리가 온전히 기대어

설 수 있는 분이시다.

영국의 종교개혁자이자 신학자인 존 웨슬리(John Wesley)는 "무엇보다 성도에게 가장 좋은 것은, 하나님이 우리와 함께하신다는 것이다"라고 말했다. 하나님만 의지하는 인생이 가장 복된 인생이다. 그런데 그분을 의지해야 하는 것을 알면서도, 그분만을 의지하는 데 왜 문제가 생기는 것일까? 그것은 의지할 대상과 사랑하고 감사할 대상에 혼란이 생겼기 때문이다.

아버지가 의사라도 죽어가는 자녀를 바라만 보아야 할 때가 있다. 남편이 헬스트레이너라도 아내가 늙어가는 것을 막을 수는 없다. 꽃 박사도 예쁜 꽃잎을 떨어지는 것을 보고만 있어야 한다. 성경도 이같은 인간의 한계성에 관해 분명히 기록하고 있다.

귀인들을 의지하지 말며 도울 힘이 없는 인생도 의지하지 말지니 그의 호흡이 끊어지면 흙으로 돌아가서 그날에 그의 생각이 소멸하리로다 야곱의 하나님을 자기의 도움으로 삼으며 여호와 자기 하나님에게 자기의 소망을 두는 자는 복이 있도다 시 146:3-5

너희는 보잘것없는 사람을 의지하지 말아라. 숨결에 불과한 사람들은 사랑의 대상을 의지하고 감사의 대상을 의지하는데 이것이 문제이다. 대상에 대한 혼란은 삶을 혼란하게 만든다. 하나님이 한 번 치시면 끝나는 건강을 의지의 대상으로 삼아서는 안 된다. 있다가도 없어지는 돈이 의지의 대상이 되어서는 안 된다. 언젠가 이 땅에서 소멸해 없어질 남편과 자녀가 의지의 대상이 되어서는 안 된다. 하나님 외의 모든 것은 사랑의 대상이요 감사의 대상이다.

성공 같은 실패

남유다의 아사 왕은 아비야 왕이 죽은 후 유다의 세 번째 왕이 되어 41년 동안 유다를 다스렸다. 그는 왕위에 오르면서 사람들에게 여호와를 의도적으로 찾게 하고 여호와의 말씀만 의지하여 행하게 했다. 즉위 후 35년 동안 그는 신실하게 하나님을 의지하며 백성들도 하나님만 의지하게 한 탁월한 왕이었다.

이방 제단과 산당을 없애고 주상을 깨뜨리며 아세라 상을 찍고 유다 사람에게 명하여 그 조상들의 하나님 여호와를 찾게 주님만 의지한 그때, 구스의 백만 대군이 쳐들어왔다. 여기에 맞서는 유다의 병력은 적군의 반 정도인 58만 명이었다. 무기도 상대가 되지 않았다. 구스 군대는 병거 삼백 대가 있었는데 병거 삼백 대는 오늘날로 말하면 탱크부대다. 여기에 맞서는 유다 군대는 방패, 창, 활이 전부였다.

그러나 주님만 의지한 아사 왕이었다. 그는 "주밖에 도와줄 이가 없사오니"(대하 14:11)라고 부르짖으며 하나님 앞에 간절히 기도했다. 우리는 주님밖에 없다고 입술로 고백했다. 주님을 의지함으로 아사 왕은 대승을 거두었다.

하나님을 의지하던 아사 왕이 36년째 되던 해, 북이스라엘의 왕인 바아사가 남왕국 유다를 치러 왔다. 구스와의 전투를 생각하면 이 전투는 아무것도 아니다. 그런데 아사 왕이 이상한 행동을 하기 시작했다. 여호와의 전 곳간에 있는 은과 금을 다 모아서 아람 왕 벤하닷에게 보내 화친을 요청한다.

아람 왕 벤하닷과 북이스라엘이 먼저 화친을 맺은 상태였다는 것을 알고 아사 왕은 많은 은, 금을 벤하닷에게 주면서 아람이 북이스라엘과 맺은 언약을 취소하라고 요청했다. 결국 아람의 도움을 얻어 승리할 수 있었다. 아사 왕도 남유다 사람들도 승리했다고 생각했다.

하지만 아람을 의지한 아사 왕에게 하나님은 이것을 승리라고 하지 않으셨다. 하나님은 선견자 하나니를 보내어 이렇게 전하게 하셨다.

> 왕이 아람 왕을 의지하고 왕의 하나님 여호와를 의지하지 아니하였으므로 아람 왕의 군대가 왕의 손에서 벗어났나이다 … 이 일은 왕이 망령되이 행하였은즉 이후부터는 왕에게 전쟁이 있으리이다 대하 16:7,9

아람 군대를 의지한 것 때문에 승리가 아닌 패배라는 말씀이셨다. 성공 같은 실패였다.

아사의 패망은 하나님을 의지하지 않은 데서 시작되었다. 그는 당시 패권을 잡고 있던 아람 왕의 인맥을 의지했고 아람 왕을 설득하기 위해서 물질을 의지했다. 이후 6년 동안 왕의 자리에 있으면서 하나님이 왕이시라는 것을 잊고, 자신의 권력을 이용하여 문제를 해결했다. 그는 자신의 권력을 의지했고 인맥과 물질을 의지했다.

사실 아사 왕이 의지한 것은 의지할 대상이 아니라 감사할 것들이다. '주신 분'만 의지의 대상이다. 그의 실수는 감사의 대상을 의지의 대상으로 보았다는 것이다. 일평생 살아가며 혼란스러워지면 안 될 것이 있다. 창조주 하나님 한 분만 의지의 대상이시라는 것이다.

아사 왕은 처음에는 위기의 순간마다 부르짖어 기도하며 하나님을 의지했다. 그때는 평화의 나라를 경험할 수 있었다. 그러나 하나님을 향한 기도가 사라지면서 의지의 대상을 놓쳐버렸고, 그때부터 나라는 큰 혼란에 빠지고 말았다.

돌이킬 기회를 주시는 사랑

지방은 가만히 두면 생기지만 근육은 그렇지 않다. 저항하며 만들어야 한다. 하나님을 붙잡는 것도 마찬가지다. 연약한 우리는 하나님을 향하여 기도의 무릎을 꿇는 근육을 키워야 한다. 새벽을 깨우는 습관을 들여야 한다. 하나님을 의지하고자 발버둥을 쳐야 한다.

기도는 하나님을 전적으로 의지한다는 신앙고백이다. 기도가 없으면 하나님을 의지한다는 분명한 신앙고백이 빠진 것이다. 기도하지 않는 것은 하나님을 의지하지 않겠다는 강력한 의지이다.

하나님을 의지하지 않는 자는, 설령 그가 모든 것을 가졌다 하더라도, 실은 모든 것을 잃은 자이다. 그러나 하나님을 의지하는 자는, 그가 비록 모든 것을 잃었다 하더라도,

실상은 모든 것을 가진 자이다. 연약한 인간의 실력과 힘은 하나님 아버지를 의지하는 데서 비롯된다. 아니, 하나님을 의지하는 것이 그의 힘이다.

아사 왕은 하나님을 포기했어도 하나님은 끝까지 아사 왕을 포기하지 않으셨다. 인간은 반드시 무엇인가를 의지하며 살아가도록 창조되었기 때문에 하나님은 인간이 하나님을 의지하고 기도할 수밖에 없도록 끝까지 몰아가신다. 그래서 하나님을 의지하지 않는 아사 왕, 기도를 멈춘 아사 왕을 포기하지 않으시고 그에게 하나님 앞에 엎드릴 기회를 주셨다.

아사가 왕이 된 지 삼십구 년에 그의 발이 병들어 매우 위독했으나 병이 있을 때에 그가 여호와께 구하지 아니하고 의원들에게 구하였더라 대하 16:12

매우 위독한 병이 아사 왕에게 찾아왔다. 하나님 앞에 다시 부르짖어 기도할 순간을 주신 것이다. 이것이 하나님의 사랑이다. 하나님께서 때로 우리를 우리의 한계점으로 몰아가실 때가 있다. 인간관계의 끝 지점, 물질의 끝 지점, 자녀 문제의 끝 지점, 그곳에서 모든 소망을 다 잃고 아무것도 남지 않게 하셔서 주님만 덩그러니 남게 하실 때가 있다. 그때 주님은 이렇게 말씀하시는 것이다.

"나만 볼 수 없겠니? 그 마음 나에게 좀 줄 수 없겠니? 나만 의지할 수 없겠니?"

수고하고 무거운 짐 진 자들아 다 내게로 오라 내가 너희를 쉬게 하리라 마 11:28

"나에게 좀 기대렴!" 하시며 지금도 우리를 찾고 계시는 하나님의 음성에 반응해야 한다.

그런데 끝까지 아사 왕은 기도하지 않았다. 하나님 앞에 엎드리지 않았다. 영원하지 않은 의원들에게 엎드렸다. 하나님을 향한 기도의 삶이 멈춘 것이 위기였다. 결국 아사 왕의 기도가 멈추었기에 그의 인생도 멈추어 서고 말았다. 어떤 일이 있어도 기도만큼은 멈추면 안 된다. 우리는 기도를 통해 하나님을 의지해야 한다.

기도는 결론을 바꾼다

아사 왕처럼 병으로 인하여 죽게 된 왕이 있었다. 히스기야 왕이다. 상황은 같았지만, 결론은 달랐다.

그때에 히스기야가 병들어 죽게 되매 … 히스기야가 낯을 벽
으로 향하고 여호와께 기도하여 이르되 왕하 20:1,2

아사 왕이 의원들을 찾았다면, 죽음 앞에 히스기야 왕이
선택한 것은 기도였다. 그는 하나님만 의지하기로 결단했
고, 하나님을 찾았다. 기도로 그의 삶은 역전되었다. 히스
기야는 다시 살아났다.

죽음은 힘이 세다. 모든 사람이 죽음 앞에 두 손을 든다.
최고의 경영가였던 스티브 잡스도 췌장암 앞에 두 손을 들
고 말았다. 그는 죽음에 관해 "누구도 죽기를 원하지 않습
니다. 하지만 죽음은 우리 모두의 숙명입니다. 아무도 피해
갈 수 없습니다. 왜냐하면 죽음은 삶이 만든 최고의 발명이
니까요"라고 말한 바 있다.

죽음을 이긴 사람은 없다. 그러나 죽음을 앞에 두고 생
명의 주인이신 하나님 앞에 기도한 히스기야가 있었다. 간
절하게 하나님 앞에 기도했다. 아무것도 할 수 없는 죽음의
절박한 상황 속에서 기도를 선택했다면 분명한 것은, 기도
는 만만한 것이 아니다. 성경은 기도는 죽음을 뒤집을 수 있
는 유일한 무기라는 것을 말씀하고 있다. 히스기야의 기도
는 하나님의 마음을 움직이는 기도가 되었다.

내가 네 날에 십오 년을 더할 것이며 내가 너와 이 성을 앗수
르 왕의 손에서 구원하고 내가 나를 위하고 또 내 종 다윗을
위하므로 이 성을 보호하리라… **왕하 20:6**

히스기야는 기도로 하나님만 의지했고 이로 인해 그의 삶
은 새롭게 시작되었다. 기도는 늘 응답과 동행하고 있기 때
문에, 삶에 기도가 있다면 그 인생은 아직 끝나지 않은 것이
다. 영원하신 하나님이 들으시고 응답하신다.

영국의 신학자 F. B. 마이어(Frederick Brotherton Meyer)
목사님은 "인생의 큰 비극은 응답받지 못한 기도가 아니라,
드려지지 않는 기도이다"라고 하였다. 그래서 우리의 기도
를 지금도 듣기를 원하시는 하나님 앞에 절대로 기도를 멈
추어서는 안 된다. 기도는 우리를 방해하고 공격하는 사탄
을 향해 휘두를 수 있는 가장 강력한 채찍이다. 기도에 실패
한 자는 삶의 실패자가 되고 기도에 성공한 자는 반드시 삶
의 성공자가 된다.

광야 기도실

코로나 시기에 특별한 기도실이 생겼다. 코로나로 예배
가 통제되고 통성기도가 어려워지면서 기도하는 것이 쉽지

않았고 성도들에게서 기도의 입이 점점 닫혀갔다. 기도하는 교회인데 기도가 멈춰있어 너무 안타까웠다.

교회 출입이 제한되면서 예배는 물론 모든 양육이 온라인으로 전환되었다. 특새 후에는 '합심중보기도학교'를 시작할 예정이었는데 기도학교를 온라인으로 하면 제대로 진행되지 않을 것 같아 마음이 어려웠다. 기도를 쉬지 말라는 주님의 명령에 순종하기 위해 지혜를 구할 때 특새 때 주차장에서 기도했던 것이 생각났다. 지하 주차장에 텐트를 치고 '광야 기도학교'라는 이름으로 기도학교를 진행하기로 하고 사람들을 모집했다.

광야를 히브리어로 '미드바르'라고 한다. '미드바르'라는 단어는 장소를 가리키는 '미'에 '말씀' 또는 '말하다'라는 의미인 '다바르'가 합쳐진 합성어이다. 그래서 광야는 덥고 춥고 척박한 곳이기도 하지만 근본적으로는 '하나님이 말씀하시는 곳', 그래서 '하나님의 음성을 듣는 곳'이라 할 수 있을 것이다.

우리가 주차장에 텐트를 친 이곳을 광야 기도실이라 부른 것은 광야의 이스라엘 민족처럼 텐트(장막)를 쳤기 때문이기도 하고, 자유롭게 부르짖어 기도할 수 없는 그 척박한 상황이 광야같이 느껴졌으며, 그곳에서 하나님의 음성을 듣기를 사모했기 때문이기도 하다. 다윗이 광야에 숨어서 기도한 것을 기억하며 우리는 텐트에 '아둘람굴 ○호실'이라고 써붙이고 한 사람씩 들어가 각자 그 안에서 강의를 듣고 기도했다.

주차장에서 기도 강의를 하고 기도를 한다는 것이 쉬운 일은 아니었다. 소리가 웅웅 울리는 곳이라 강의할 때도 소리가 명료하게 전달되지 않았다. 그러나 목사의 강의 소리는 잘 들리지 않아도 하나님은 우리의 기도 소리를 다 듣고 계셨다. 그리고 우리는 어느 곳에 있든지 우리의 기도를 들으시는 하나님을 신뢰했다.

개인 텐트, 아니, 자신의 아둘람굴 안에서 각자 하나님의 음성에 반응하며 기도하기 시작했다. 코로나로 잠잠했던 기도의 음성이 터져 나왔다. 하나님을 향한 탄식과 부르짖음의 소리였다. 하나님의 음성을 듣고 반응하는 기도의 소리는 달랐다. 2년 동안 지하 주차장에서 텐트 100동을 펼쳐놓고 기도하고 또 기도했다. 기도를 쉬지 않겠다는 몸부림이었다.

특새 때 주차장 기도를 경험하지 못하고 처음 온 성도들은 열악한 상황을 보고 당황하며 이게 뭐냐는 반응을 보이기도 했으나 나중에는 "코로나 시기에 개인 텐트 안에서 목 놓아 주님을 부르짖을 수 있어서 정말 감사합니다. 이것이 광야 기도만이 가질 수 있는 특권입니다!"로 바뀌었다.

기도의 입이 막힌 답답한 때에 마음껏 부르짖으며 기도할 수 있는 것도 특권이었지만 코로나 이전의 일상이었다면 쉽게 누리지 못했을 특권이 또 하나 있었다.

그곳에 따뜻한 실내, 푹신한 의자, 잘 갖춰진 음향 장비로 아름답게 들려오는 반주 음악 같은 것은 없었다. 학생

때 주암산 기도원에서 보았던, 비닐 텐트를 치고 기도하는 사람들의 모습도 떠올랐다.

그러나 춥고 딱딱한 지하 주차장 바닥, 소리가 울려 강의도 잘 들리지 않는 횅한 공간, 다른 이의 기도는 들리지 않고 오직 나와 하나님만이 함께하는 텐트 안에서 기도하면서 기도의 야성이 깨어났다. 그런 광야 같은 땅 위에서 어린 사자가 포효하듯 하나님의 이름을 울부짖었다.

그런 기도를 통하여 주님 품에 거하였다. 그래서 하나님의 거룩한 백성이 되어 주님과 동행하는 가장 행복한 시간이었다. 주님의 심장을 떨리게 하는 공동체가 되었다. 어느 곳에서 기도하든 하나님은 그곳에 계신다. 하나님만 계시면 된다. 우리가 의지할 분이신 하나님만 함께하시면 된다.

성도의 삶은 기도하는 만큼 전진한다. 기도가 멈추면 내 인생이 멈춘다는 것을 기억하며, 기도를 통해 주님을 의지하는 것을 쉬지 않아야 한다. 절망은 기도를 멈추게 한다. 기도를 멈추면 희망은 지워지고 절망만 보인다. 기도를 멈추면 기적도 멈춘다. 인생은 기도한 만큼 열리게 되어 있다. 기도를 멈추지 말자. 기도를 멈추면 삶이 멈춘다. 다시 기도를 시작하자.

기도를 멈추지 말고

초판 1쇄 발행   2022년 11월 29일

지은이   이현우

펴낸이   여진구
책임편집   최현수
편집   이영주 정선경 안수경 김도연 김아진 정아혜
책임디자인   마영애 | 노지현 조은혜 이하은
홍보·외서   진효지
마케팅   김상순 강성민 허병용   마케팅지원   최영배 정나영
제작   조영석 정도봉   경영지원   김혜경 김경희 이지수

303비전성경암송학교   박정숙
이슬비전도학교 / 303비전성경암송학교 / 303비전꿈나무장학회

펴낸곳   규장

주소   06770 서울시 서초구 매헌로 16길 20(양재2동) 규장선교센터
전화   02)578-0003   팩스   02)578-7332
이메일   kyujang0691@gmail.com   홈페이지   www.kyujang.com
페이스북   facebook.com/kyujangbook   인스타그램   instagram.com/kyujang_com
카카오스토리   story.kakao.com/kyujangbook
등록일   1978.8.14. 제1-22

책값   뒤표지에 있습니다.
ISBN 979-11-6504-388-9 03230

규 | 장 | 수 | 칙

1. 기도로 기획하고 기도로 제작한다.
2. 오직 그리스도의 성품을 사모하는 독자가 원하고 필요로 하는 책만을 출판한다.
3. 한 활자 한 문장에 온 정성을 쏟는다.
4. 성실과 정확을 생명으로 삼고 일한다.
5. 긍정적이며 적극적인 신앙과 신행일치에의 안내자의 사명을 다한다.
6. 충고와 조언을 항상 감사로 경청한다.
7. 지상목표는 문서선교에 있다.

하나님을 사랑하는 자 곧 그의 뜻대로 부르심을 입은 자들에게는 모든 것이 合力하여 善을 이루느니라(롬 8:28)